Zu diesem Buch

Das ganze Leben – das private, das berufliche und politische Leben – besteht aus Entscheidungen. Keine Entscheidung zu treffen hieße andere über mich entscheiden zu lassen. Solange mir an meiner Handlungsfreiheit etwas liegt, muß ich mich entscheiden. Ich kann mich für das Richtige oder für das Falsche entscheiden. Leider weiß ich immer erst im nachhinein, was richtig, was falsch war. Also heißt die Devise nicht «Entscheidung für das absolut Beste», sondern «Entscheidung für das relativ Bessere».

Spencer Johnson ist Co-Autor von «Der Minuten-Manager». Von seinen Werken sind bisher 11 Millionen Exemplare in 21 Sprachen verkauft worden.

Er erzählt die Geschichte von der Bergbesteigung einer Wandergruppe. Ein junger Mann lernt dabei (und wir mit ihm), wie man sich in unübersichtlichem Gelände, von Gefahren umlauert, als Teil eines Teams vor Fehlentscheidungen hütet und sich für das jeweils Angemessenste und Vorteilhafteste entscheidet.

Der Autor

Spencer Johnson, Co-Autor von «Der Minuten Manager» und anderen Bestsellern, erwarb sein Diplom als Psychologe an der University of Southern California. Er promovierte zum Dr. med. am Royal College of Surgeons, praktizierte an der Harvard Medical School und an der Mayo Clinic. Er lebt heute mit seiner Familie auf Hawaii.

Spencer Johnson

Ja oder Nein.

Der Weg zur besten Entscheidung

Wie wir Intuition und
Verstand richtig nutzen

Deutsch von
Roswitha Enright

rororo
Rowohlt

Veröffentlicht im Rowohlt Taschenbuch Verlag GmbH,
Reinbek bei Hamburg, Mai 1995
Die deutsche Erstausgabe erschien 1993
im Rowohlt Verlag, Reinbek, unter dem Titel
«‹Ja› oder ‹Nein›. Der Weg zu besseren Entscheidungen».

Umschlaggestaltung: Susanne Heeder
(Foto: Imagine Bildagentur)

Gesamtherstellung Clausen & Bosse, Leck
Printed in Germany
1200-ISBN 3 499 19906 8

Für Lesley, meine Frau

Einleitung

Im Jahr 1986 wurde mir besonders deutlich, daß zu viele Menschen in meinem Heimatland Amerika zu viele falsche Entscheidungen trafen. Die USA waren dabei, ihre Spitzenposition im Welthandel zu verlieren, die Umweltschäden nahmen zu, die Kriminalitätsrate stieg unaufhaltsam, und die Folgen von Drogenmißbrauch, von Scheidungen und Obdachlosigkeit waren nicht mehr zu übersehen. Und wahrscheinlich war es zu dieser Situation gekommen, ob wir es uns nun eingestehen wollen oder nicht, weil immer wieder die falschen Entscheidungen getroffen worden waren.

Ich fragte mich, wann das angefangen hatte und wo die Ursache lag. Was konnten wir jetzt daran ändern? Konnte der einzelne überhaupt lernen, für sich sinnvolle Entscheidungen zu treffen, um in Beruf und Privatleben erfolgreicher zu sein? Und wäre das dann eine Grundlage, um gemeinsam leistungsfähigere Unternehmen zu schaffen und in Nachbarschaft und Familie harmonischer miteinander zu leben?

Wenn wir auf unser Leben zurückblicken, können die meisten von uns nachträglich erkennen, wo sie etwas falsch gemacht haben. Doch niemand trifft mit Absicht eine falsche Entscheidung.

Also begann ich mich damals mit dem Prozeß zu beschäftigen, der unserer Entscheidungsfindung zugrunde liegt, und stellte immer wieder fest, was eigentlich ganz offensichtlich war: Die falschen Entscheidungen basieren auf Illusionen und die richtigen auf realistischen Vorstellungen, die wir zum Zeitpunkt der Entscheidungsfindung hatten.

Ich begann mich intensiv mit diesem Phänomen zu beschäftigen und entdeckte schließlich ein zuverlässiges System, wie man «Ja» zu dem sagen kann, was für einen selbst richtig, und «Nein» zu dem, was nutzlos oder schädlich ist.

Wenn Ihnen mein System geholfen hat, dann werden Sie hoffentlich auch anderen Menschen zeigen, wie man damit Erfolg haben kann.

Spencer Johnson

Danksagungen

Dieses Buch enthält eine Vielzahl von Erkenntnissen und Erfahrungen, die von klugen Köpfen und großzügigen Herzen gemacht wurden. Dabei stütze ich mich auf Bücher, die zum Teil schon vor langer Zeit geschrieben wurden, und auf viele Gespräche aus der heutigen Zeit.

Wichtige und beherzigenswerte Hinweise wurden mir zum Beispiel von folgenden Menschen gegeben:

Dr. DeWitt Baldwin, dem Director of Medical Education Research and Information bei der American Medical Association, danke ich für seine Erkenntnisse bezüglich Streßverringerung durch Integrität.

Dr. Paul Brenner hat darüber geforscht, wie man Denken und Fühlen im Gleichgewicht hält, und hat mir außerdem Erkenntnisse zum binären Code des Körpers vermittelt.

Jim Cathcart hat mehrere wichtige Ideen beigesteuert.

Den Filmemachern *Ray Christensen* und *John Christensen*, *Brad Neal* und *Joel Suzuki* von Charthouse International Learning verdanke ich die Einsicht, welche Bedeutung dem Erzählen von Geschichten zukommt.

Dr. Richard Farson und Kollegen des Western Behavioral Sciences Institute ließen mich an ihrem internationalen Computer-Netzwerk für Leitungskräfte der Wirtschaft teilnehmen und analysierten die Konzepte, die ich in diesem Buch vorstelle.

Ich danke all den tüchtigen Mitarbeiterinnen und Mitarbeitern bei *HarperCollins* für ihre überaus wertvollen Beiträge.

Matthew Juechter zeigte mir, wie das «Ja»-oder-«Nein»-System in Organisationen angewendet werden kann.

Margret McBride der McBride Literary Agency half mir mit ihren persönlichen Erkenntnissen und wichtigen Vorschlägen.

Nevins McBride half mir mit Vorschlägen zur praktischen Anwendung des Systems im Wirtschaftsleben.

Durch *Dr. Carl Rogers* habe ich erfahren, welche Weisheit jeder Mensch in sich trägt.

Marshall Thurber hat immer wieder auf die Notwendigkeit eines verläßlichen Systems hingewiesen.

Und schließlich möchte ich den vielen Menschen in leitender Position aus Wirtschaft und öffentlichem Leben danken, die das Manuskript und den Umbruch lasen und aus ihren eigenen Erfahrungen wertvolle Anregungen gaben. Ihre praktischen Ratschläge waren für mich unersetzlich.

Inhalt

Den eigenen Weg finden

Von der Verwirrung zur Klarheit

Freitag morgen

Es war einmal ein intelligenter junger Mann, der nach einem Weg suchte, um richtige Entscheidungen zu treffen, denn er wollte erfolgreicher sein und streßfreier leben können.

Zu oft hatten ihm falsche Entscheidungen bei seiner Arbeit und hin und wieder auch in seinem Privatleben Schwierigkeiten verursacht.

Er hatte den Eindruck, daß er für falsche Entscheidungen teuer hatte bezahlen müssen, und glaubte, daß es einen besseren Weg geben müsse.

Also machte er sich eines Tages im frühen Morgenlicht auf den Weg zu den nahen Bergen, um sich anderen Menschen auf der WANDERUNG anzuschließen. Dieses berühmte Wochenendseminar wurde von «dem Leiter» organisiert, einem sehr erfolgreichen Manager, der außerdem gern wanderte und die Teilnehmer auf einer Bergwanderung auch durch den Prozeß der Entscheidungsfindung führte.

Der junge Mann hatte gehört, daß die Wanderer dabei ein zuverlässiges System für Entscheidungen entdeckt hatten und daß sie nach diesen Wochenenden fähiger waren, sinnvolle Entscheidungen zu treffen.

Aber wie hatten sie sich diese Fähigkeiten in so kurzer Zeit aneignen können?

Schließlich hatte der junge Mann den Fuß des Berges erreicht. Er zog seine leichte Jacke aus und band sie sich um die Hüften. Ihm war warm, nicht von der Morgensonne, sondern aus Nervosität. Er wußte, daß er spät dran war, und war sich nicht sicher, wo er sich eigentlich befand.

Schon bald nach dem Verlassen seines Hauses hatte er gemerkt, daß er die Wegbeschreibung zu dem Camp vergessen hatte. Jetzt wünschte er, er wäre umgekehrt, um sie zu holen, aber er hatte befürchtet, dann zu spät zu kommen. Und jetzt war es schon sehr spät. Er beschleunigte seinen Schritt.

Der junge Mann tröstete sich damit, daß er sicher nicht der einzige war, der nach einem Weg suchte, bessere Entscheidungen zu treffen. Er war Mitglied verschiedener Arbeitsgruppen gewesen, deren Entscheidungen im besten Fall mittelmäßig ausgefallen waren.

Die Folgen von falschen Entscheidungen waren überall sichtbar: in großen Unternehmen, kleineren Firmen, in Schulen, Behörden und viel zu häufig auch im Privatleben der Menschen.

Es war, als ob Menschen aus ihren Entscheidungen und deren Folgen keine Konsequenzen ziehen konnten.

Er begann sich selbst Vorwürfe zu machen. Er wußte schließlich auch nicht immer, wie er sich als Mitglied einer Gruppe oder eines Teams verhalten sollte. Er war manchmal unentschlossen. Er wollte einfach keine Fehler machen. Und dann ging ihm auf, daß er wie die meisten anderen Menschen nie gelernt hatte, wie man Entscheidungen trifft.

In dem Augenblick trat er auf einen dürren Zweig, und das plötzliche Knacken riß ihn aus seinen Betrachtungen und brachte ihn in die Wirklichkeit zurück. Er blieb stehen und blickte sich um.

Erst da sah er den Mann.

Einen Augenblick lang sahen die beiden Männer einander abwartend an, dann bemerkte der junge Mann, daß das sonnengebräunte Gesicht des Älteren eine beeindruckende Klarheit auszustrahlen schien. Ob dieser große, grauhaarige, sportlich aussehende Mann wohl der Leiter der Gruppe sein mochte? Aus irgendeinem Grund fühlte sich der junge Mann im Beisein des Fremden sicherer. «Ich bin auf der Suche nach der WANDERUNG», sagte er.

«Ich bin der, der dich führen wird», antwortete der Ältere.

«Du gehst in die falsche Richtung.» Er wandte sich um, und der junge Mann folgte ihm.

Der Leiter sah ihn über die Schulter hinweg an und sagte: «Es wäre gut, wenn du die Entscheidungen noch einmal durchdenken würdest, die für deine Verspätung heute verantwortlich sind.» Der junge Mann schwieg verlegen, aber er tat, wie ihm geheißen war.

Eine Weile später fragte der ältere Mann: «Warum bist du auf die WANDERUNG gegangen?»

«Ich wollte lernen, wie ich die besten Entscheidungen treffen kann.» Aber schon während er das sagte, fühlte er den vertrauten Druck: Wieder mußte er herauskriegen, was das Beste wäre. Aber was war für ihn das Beste?

Sie gingen weiter, und nach einer Weile sagte der Leiter: «Vielleicht mußt du nicht immer die besten Entscheidungen treffen. Schon *bessere* Entscheidungen können die Dinge positiv verändern. Vielleicht wirst du wie wir alle schließlich feststellen, daß du erfolgreicher sein wirst, wenn du nur konsequent bessere Entscheidungen triffst als vorher.»

Der junge Mann war erleichtert. «Darf ich fragen, was Sie mit einer ‹besseren› Entscheidung meinen?»

«Eine Entscheidung ist besser, wenn *der Weg dahin* uns ein besseres Gefühl vermittelt und wenn sie bessere *Ergebnisse* erzielt. Das ist möglich, wenn wir uns ein paar wichtige Fragen stellen. Vielleicht geht es dir wie vielen anderen Menschen, die manchmal meinen, keine oder nur halbherzige Entscheidungen treffen zu können. Du wirst viele auf dieser WANDERUNG treffen, die ihre Unsicherheit überwanden, indem sie ein zuverlässiges System anwandten, das aus zwei Teilen besteht. Sie gebrauchen ihren *Kopf*, und sie befragen ihr *Herz* und sind so bald zu besseren Entscheidungen fähig. Zu diesem System gehören zwei wichtige Fragenkomplexe, die mit ‹Ja› oder ‹Nein› beantwortet werden müssen.»

«Was sind denn das für Fragen?» fragte der junge Mann eifrig.

«Sollten wir unseren Weg nicht am Anfang beginnen und uns erst dann mit diesen Fragen beschäftigen?»

Der junge Mann nickte, und der Ältere fuhr fort: «Wenn du bessere Entscheidungen treffen willst, was mußt du dann als erstes tun?»

«Ich bin mir nicht sicher.»

«Du weißt nicht, was du tun sollst. Weißt du denn, was du *nicht* tun sollst?»

Der junge Mann hatte im allgemeinen so viel zu tun, daß er noch nie darüber nachgedacht hatte, was er *nicht* tun sollte.

Plötzlich blieb der Ältere stehen und zog ein zusammengefaltetes Papier aus der Tasche. «Du mußt einfach mit dem aufhören, was du gerade tust.» Er gab das Papier nicht aus der Hand, als er dem jungen Mann einen Abschnitt zeigte.

Der junge Mann las, dachte über das Gelesene nach, dann holte er ein kleines rotes Notizbuch aus seinem Rucksack und schrieb:

Um bessere Entscheidungen zu finden,
muß ich zunächst aufhören,
schlechte Entscheidungen zu treffen und
danach zu handeln.

Der Leiter sagte: «Wenn du eine schlechte Entscheidung nicht triffst, entsteht ein Freiraum, den du mit etwas Besserem ausfüllen kannst.»

Der junge Mann war sich unsicher. «Wenn ich aber das aufgebe, wozu ich mich entschlossen habe, und dann nichts Besseres finde?»

«Davor haben wir alle Angst. Man braucht Mut, etwas aufzugeben, was einem vertraut und bequem ist. Aber in Wirklichkeit ist ein solches Vorgehen ein ungefährlicherer und auch zuverlässigerer Weg zu besseren Ergebnissen. Wenn dich das, was eigentlich nicht funktioniert, nicht mehr behindert, dann hast du die Freiheit, etwas Besseres zu finden. Und das geht meistens ziemlich schnell. Die alten Chinesen hatten einen weisen Spruch: ‹Wenn du eine Tasse heißen Tee möchtest, dann mußt du erst deine Tasse ausleeren.› Wenn man nämlich heißen Tee in eine Tasse gießt, die noch mit kaltem gefüllt ist, dann paßt der heiße Tee nicht in die Tasse und fließt auf die Untertasse.»

«Ich verstehe», sagte der junge Mann langsam. Er blickte auf. «Das erinnert mich an einen Geschäftsfreund. Er arbeitete weiterhin mit einem Lieferanten zusammen, obgleich der sich immer wieder als unzuverlässig erwiesen hatte. Mein Geschäftsfreund kannte einfach niemand besseren, und statt eine Verbindung zu lösen, die der Firma schadete, ließ er sie bestehen.»

«Was passierte dann?»

«Der Lieferant machte weiterhin Fehler, die das Unternehmen Zeit und Geld kosteten. Und schließlich hat man meinen Geschäftsfreund entlassen, weil er sich für die Interessen der Firma nicht ausreichend eingesetzt hatte.»

Der junge Mann schwieg nachdenklich und fragte dann: «Warum machen wir mit einer Sache weiter, obgleich wir wissen, daß sie nicht funktioniert?»

«Weil wir uns meistens sicherer fühlen», sagte der Leiter, «wenn wir etwas Vertrautes beibehalten, auch wenn es uns schadet. Und diese wenig effektiven, aber immer wieder verwendeten Methoden werden dann zur Norm. Man kann das in vielen Organisationen beobachten.»

«Können Sie mir ein Beispiel geben?»

«Ja. Vor vielen Jahren suchte die U.S. Army nach Möglichkeiten, die Abstände zwischen den einzelnen Kanonenschüssen zu verringern, und stellte dazu einen Experten an, der sich mit dem Problem beschäftigen sollte. Er beobachtete also die Soldaten, die die Kanonen bedienten, und stellte fest, daß sie jedesmal nach dem Laden ein paar Schritte zurücktraten und drei Sekunden warteten, bevor sie zündeten. Auf seine Frage hin antworteten die Soldaten, daß sie sich nach den Anweisungen des *Army Manual* richteten. Der Experte verfolgte diese Anweisung durch alle Jahrgänge des Handbuches zurück bis zu ihrem Ursprung aus der Zeit des amerikanischen Bürgerkrieges. Dort stand, daß die Soldaten vor dem Abfeuern der Kanonen ein paar Schritte zurücktreten sollten, um die Zügel der Zugpferde zu fassen. Andernfalls würden die Pferde durch den plötzlichen Donner der Kanone erschreckt anziehen, die Kanone aus der korrekten Position bringen, und der Schuß würde das Ziel verfehlen.»

Der junge Mann mußte lächeln, als er daran dachte, daß die Soldaten auch später immer noch dieses Ritual einhielten, obgleich es keine Pferde mehr gab, die sie an den Zügeln festhalten mußten.

Der Leiter führte den jungen Mann jetzt über einen schmalen Bach. Er blickte auf seinen Kompaß.

Dann fuhr er fort: «Als den Soldaten der Grund für ihr Verhalten klarwurde, änderten sie es. Aber wie viele Menschen gibt es, die an alten Methoden festhalten und nicht wissen, wie unsinnig sie sind?»

Der junge Mann fragte: «Darf ich Ihnen von den Entscheidungen erzählen, die ich in meinem Leben treffen muß, beruflich und auch privat?»

«Nein», sagte der Leiter. «Ich möchte nicht unhöflich erscheinen, aber das sind *deine* Entscheidungen und nicht meine. Vielleicht möchtest du dich besonders auf eine Entscheidung in Beruf oder Privatleben konzentrieren, die vor dir liegt, und dann nach diesem Wochenende überlegen, ob das, was du gelernt hast, dir diese Entscheidung erleichtert. Dann wirst du feststellen, daß du bald selbst bessere Entscheidungen treffen kannst.» Er schwieg und fuhr dann fort: «Wenn du nach Westen fahren möchtest, und du stellst plötzlich fest, daß du nach Osten gefahren bist, was würdest du tun?»

«Sobald ich es gemerkt hätte, würde ich natürlich umkehren und in die entgegengesetzte Richtung fahren.»

«Richtig. Wenn man bessere Entscheidungen treffen möchte, muß man eine entsprechend veränderte Richtung einschlagen. Um aber zu wissen, wo's langgeht, würdest du dich auf die Angaben anderer stützen, oder würdest du lieber eine gute Karte bei dir haben, auf die du dich verlassen kannst?»

«Ich würde lieber meine eigene zuverlässige Landkarte haben. Ich habe mal irgendwo den Ausspruch von Winston Churchill zitiert gefunden: ‹Ich bin immer bereit, etwas zu lernen, aber ich habe es nicht immer gern, wenn man mich belehren will.›»

Der Leiter lächelte. «So geht es mir auch. Es ist immer eine spannende Aufgabe, selbst einen besseren Weg zu finden. Aber mit dem ‹Ja›-oder-‹Nein›-System sollte es jedem möglich sein.»

«Aber woher weiß ich, daß dieses System auch bei mir funktioniert?»

«Du kannst es doch einfach ausprobieren. Du kannst dich mit den anderen unterhalten, die auch auf der WANDERUNG sind. Sie kommen zwar aus ganz verschiedenen Ländern, aber sie haben eins gemeinsam, sie alle verwenden erfolgreich das System. Einstweilen kannst du mit dieser Aufstellung beginnen.» Der ältere Mann reichte dem jüngeren einen Umschlag und begann dann schneller zu gehen. «Wir sind spät dran. Wir haben nur ein Wochenende und gehen deshalb schnell voran.» Offensichtlich erwartete er, daß der junge Mann mit ihm Schritt halten würde.

Als sie später Pause machten, las der junge Mann, was der andere ihm gegeben hatte, und folgte den Anleitungen.

Der Weg zu einer besseren Entscheidung

Meine 5-Minuten-Inventur

Eine berufliche oder eine private Entscheidung:

Worin besteht mein Problem? Welche Situation im Beruf oder im Privatleben möchte ich verbessern?

Meine erste Entscheidung (jetzt auszufüllen):

Wie werde ich mich dementsprechend verhalten?

– Vorläufig werde ich nichts tun.
– Ich will etwas tun, weiß aber noch nicht, was und wann.
– Vielleicht werde ich folgendes tun:

Meine bessere Entscheidung ist (erst am Ende der Wanderung auszufüllen):

Ein zuverlässiges System

Freitag mittag

Als der ältere und der junge Mann das Camp erreicht hatten, trafen sie auf die anderen Wanderer. Die fünf Männer und zwei Frauen kamen aus Australien, Brasilien, Deutschland, Japan und den Staaten. Man begrüßte sich mit Handschlag.

Einer der Wanderer verteilte selbstgemachte Schirmmützen, auf denen jeweils «Ja» oder «Nein» gedruckt stand und in kleiner Schrift darunter «immer diese Entscheidungen». Der junge Mann lächelte. Er würde sich bestimmt in dieser Gruppe wohl fühlen.

Während der Mittagsmahlzeit, die aus belegten Broten, Äpfeln und frischem Wasser aus dem nahen Bach bestand, sprach die Gruppe über die WANDERUNG. «Werden wir die Nordseite des Berges hinaufsteigen?» – «Welche Alternative haben wir, falls am Nordhang noch Eis liegt?»

Dann fragte einer: «Wollen wir eine anstrengende Bergtour machen oder eher eine Wanderung, die uns auch Zeit zum Nachdenken läßt?»

Nach kurzer Zeit hatten sie sich entschieden. Sie würden an diesem Nachmittag den sanften Osthang hinaufwandern, sich beim Sonnenuntergang ausruhen, nachts ein Stück weiterwandern und auf halber Höhe dann ihr Nachtlager aufschlagen.

Für den schwierigeren Teil des Aufstiegs hätten sie dann den ganzen Samstag Zeit, würden sich abends an einem schönen Lagerfeuer ausruhen, sich am nächsten Morgen früh auf dem Gipfel versammeln und den Sonntag für den Rückweg haben.

Dem jungen Mann war etwas aufgefallen. «Die Gruppenmitglieder scheinen doch so genau zu wissen, was sie wollen. Warum stellen sie dann so viele Fragen?»

«Sie wenden die erste Hälfte des ‹Ja›-oder-‹Nein›-Systems an», erklärte der Leiter.

«Können Sie das etwas näher erläutern?»

«Natürlich. Das ‹Ja›-oder-‹Nein›-System hilft uns auf dem Weg zu einer besseren Entscheidung, der aus zwei Abschnitten besteht. Um zu einer Entscheidung zu gelangen, beschäftigen wir uns mit zwei Fragenkomplexen, einem praktischen und einem persönlichen. Wenn wir diese Fragen beantwortet haben, können wir sehr bald unsere Entscheidung treffen.»

Der Ältere schwieg einen Augenblick und fügte dann hinzu: «Die Fragen, die die Gruppenmitglieder gerade stellten, waren Varianten des praktischen Fragenkomplexes.»

«Wie funktioniert denn dieses System?»

«Wir treffen unsere Entscheidung anfänglich auf die übliche Art und Weise. Dann stellen wir uns eine Kopf-Frage und eine Herz-Frage, achten auf das, was wir selbst und andere zu sagen haben, fällen eine bessere Entscheidung und handeln entsprechend.»

«Und das funktioniert wirklich?» fragte der Jüngere.

«Ja. Mein erster Chef hat mich vor Jahren damit bekannt gemacht. Er wollte, daß wir alle bessere Entscheidungen fällen, ohne daß wir ihn bei jeder Kleinigkeit um Rat fragten. Er unterhielt sich mit jedem von uns und stellte fest, daß wir entweder mit dem Kopf Entscheidungen fällten oder darauf achteten, was unser Herz sagte, daß aber nur wenige von uns beides berücksichtigten. Und so brachte er uns das ‹Ja›-oder-‹Nein›-System bei, um schneller bessere Entscheidungen zu treffen. Wir wandten es an, und es funktionierte.»

«Woran sah man das?» fragte der junge Mann.

«Die Firma machte mehr Profit. Wir wurden befördert und erhielten Zulagen. Was aber für mich noch wichtiger war, ich lernte etwas, was mich in meinem ganzen Leben glücklicher und erfolgreicher machte.»

«Was denn?» Der junge Mann sah ihn fragend an.

Der Leiter zog wieder sein gefaltetes Papier aus der Brieftasche. «Hier», sagte er und zeigte auf einen weiteren Abschnitt:

Ich vermeide Unschlüssigkeit und halbherzige Entscheidungen, die auf halben Wahrheiten beruhen.

Ich verwende beide *Teile eines zuverlässigen Systems, um durchweg bessere Entscheidungen zu treffen: einen kühlen Kopf und ein warmes Herz.*

Ich benutze meinen Kopf,
indem ich mir bestimmte und praktische Fragen stelle
und
ich befrage mein Herz,
indem ich mir bestimmte persönliche Fragen stelle.

Ich nehme auf, was ich selbst und andere dazu zu sagen haben, dann treffe ich eine bessere Entscheidung und handele entsprechend.

«Das Wichtigste ist, daß man ein zuverlässiges System verwendet», sagte der Leiter. «Mit einem solchen System wird man auf die Dauer bessere Ergebnisse erzielen, auch wenn einem hin und wieder Fehler unterlaufen. Denn ein Fehler ist nie auf einen Charaktermangel zurückzuführen, sondern auf einen Defekt in dem Denksystem, das der Betreffende verwendet.»

Der junge Mann blickte den Älteren an. «Das erinnert mich an das, was W. E. Deming einmal gesagt hat, der Mann, der angeblich für die wirtschaftliche Stärke Japans verantwortlich ist. Er sagte: ‹Mißerfolg und Versagen ist zu 85 Prozent auf das System zurückzuführen.›»

«Ich gebe ihm recht», sagte der Leiter und zog sein Sonnenschutzmittel aus der Tasche. Er trug es auf Gesicht und Hände auf und reichte dem jungen Mann die Flasche. Sie setzten sich in den Schatten einer großen Kiefer.

«Das ‹Ja›-oder-‹Nein›-System hilft einem dabei, genau darauf zu achten, wozu man ja und wozu man nein sagt.» Der ältere Mann lehnte sich gegen den Stamm.

«Mir ist gerade aufgegangen», sagte der junge Mann, «daß es im wesentlichen die von mir getroffenen Entscheidungen sind, die mein Leben bestimmt haben.» Er lächelte. «Ich glaube, ich könnte ein besseres System gebrauchen.»

Der Leiter lächelte auch. «Ich glaube, wir alle könnten das. In unserer heutigen Welt, in der sich so viel ständig ändert, müssen wir alle schneller zu besseren Entscheidungen finden, schon um zu überleben, von einer Steigerung der Lebensqualität ganz abgesehen. Je besser unser System ist, desto leichter können wir Fehler vermeiden und durchweg bessere Ergebnisse erzielen.» Er überlegte einen Augenblick. «Man kann es vielleicht mit einer erfolgreichen Restaurant-Kette vergleichen, die nach einem bestimmten System Fast-food-Speisen von stets gleichbleibender Geschmacksqualität herstellt, auf die sich die Kunden verlassen können. Auf ähnliche Weise hilft das ‹Ja›-oder-‹Nein›-System, weniger Fehler zu machen und bessere Ergebnisse zu erzielen. Wichtig ist, daß man es auch anwendet.»

«Und wie mache ich das?» fragte der junge Mann.

«Da gibt es verschiedene Möglichkeiten. Nachdem du eine vorläufige Entscheidung getroffen hast, kannst du sie verbessern, indem du deinen Kopf gebrauchst und dein Herz befragst, wobei es nicht auf die Reihenfolge ankommt. Der Fragenkomplex für den Kopf und der für das Herz beinhalten je drei Grundideen, wobei sich wahrscheinlich eine oder zwei für dich persönlich als besonders wichtig herausstellen werden. Das sind meistens die Bereiche, die du deiner Meinung nach in einer bestimmten Situation oder auch während einer bestimmten Phase deines Lebens beachten mußt. Wenn du erst das System verinnerlicht hast, ist es grundsätzlich gleichgültig, mit welchem der Fragenkomplexe du beginnst, solange du *beide* verwendest, um zu einer besseren Entscheidung zu kommen.»

«Wie lange dauert das im allgemeinen?» fragte der junge Mann.

«Das hängt davon ab, wie wichtig diese Entscheidung für dich ist und wie genau du dir über einzelne Aspekte im klaren bist. Du kannst dich auf eine Frage eines Komplexes konzentrieren und so vielleicht schon in ein paar Minuten eine bessere Entscheidung treffen. Oder du kannst dir mehr Zeit nehmen und alle drei Teile beider Fragenkomplexe durchgehen und dann eine noch bessere Entscheidung finden.»

«Ich habe mir wohl nicht immer genug Zeit genommen», gab der junge Mann zu.

«Das gilt für die meisten von uns. Je häufiger du dir aber die Kopf- und die Herz-Fragen stellst, desto schneller und leichter wird es. Und wenn es für dich erst zur Gewohnheit geworden ist, dann geht es sogar sehr schnell.»

«Wie lauten die Fragen?»

Der Leiter lächelte. «Das mußt du die anderen Teilnehmer während der WANDERUNG fragen. Bitte sie, dir von ihren eigenen Erfahrungen mit dem System zu erzählen. Dann wähle eine Entscheidung, die vor dir liegt, und stelle dir selbst die Fragen aus beiden Bereichen. Du wirst später feststellen, daß du so eine deiner besseren Entscheidungen getroffen hast.»

Nach einer kurzen Pause fuhr er fort: «Du mußt am Anfang Geduld haben. Vielleicht denkst du, daß einer der beiden Fragenkomplexe dir schon zu geläufig oder für dich nicht wichtig ist. Je häufiger du aber die Verbindung ziehst zwischen Kopf und Herz, also von den Kopf-Fragen zu den Herz-Fragen übergehst und umgekehrt, desto besser wirst du beide Teile deines Selbst kennenlernen und finden, wonach du suchst. Du wirst dann zu besseren Entscheidungen fähig sein, entweder allein oder als Teil einer Gruppe, im Beruf und im Privatleben. Du mußt nur daran denken, *beide* Fragenkomplexe zu verwenden. Eines ohne das andere kann dir nichts nützen.»

Als sie später gemeinsam den sanften Hang hinaufwanderten, sah der junge Mann, daß der Leiter das Papier aus seiner Brieftasche ganz entfaltet hatte und aufmerksam durchsah. «Darf ich fragen, was Sie da lesen?»

«Selbstverständlich. Es ist mein persönlicher ‹Ja›-oder-‹Nein›-Plan. Viele von uns haben eine Zusammenfassung von Erkenntnissen und Fragen aufgeschrieben, die das ‹Ja›-oder-‹Nein›-System betreffen. Das nennen wir unseren Plan. Ich konsultiere ihn kurz, wenn ich eine bessere Entscheidung fällen möchte. Das Schöne an diesem Plan ist, daß er mir hilft, meinen eigenen Weg zu finden.»

«Darf ich ihn mir ansehen?» fragte der junge Mann.

«Es wird vielleicht besser sein, wenn du während der WANDERUNG deinen eigenen Plan aufzustellen lernst. Das wird dir persönlich mehr nützen.»

Plötzlich hörten sie ein Rascheln im Unterholz, und der Ältere sprang erstaunlich behende zur Seite. «Mach lieber einen Bogen um die Schlange», sagte er, «sie ist giftig.»

Der junge Mann wunderte sich über die schnelle Reaktion des anderen. Er beschloß, besonders darauf zu achten, wo er an diesem Wochenende hintrat.

Der ältere Mann schlug dem jungen Mann vor, sich den anderen Wanderern anzuschließen. Dann ging er allein weiter, um nachzudenken.

Den Kopf gebrauchen

Den echten Notwendigkeiten gerecht werden

Freitag, am frühen Nachmittag

Die Wanderer begannen mit dem Aufstieg, und der junge Mann ging neben Franklin Neal, einem Mann aus Chicago, der etwas abweisend wirkte. Neal war Vorsitzender eines größeren Unternehmens und Mitglied mehrerer Aufsichtsräte. Er hatte vor elf Jahren von dem «Ja»-oder-«Nein»-System erfahren und es seitdem erfolgreich angewendet.

Er streckte dem jungen Mann die Hand hin und sagte kurz: «Nenn mich Frank.» Dann sah er wieder auf den Weg.

Der junge Mann hatte den Eindruck, daß Frank es nicht besonders häufig zuließ, daß man ihn duzte. Frank fragte: «Wird es etwa Zeitverschwendung für uns beide sein, wenn wir uns über Entscheidungsfindung unterhalten? Oder wirst du wirklich anwenden, was du hier lernst?»

Der junge Mann antwortete: «Ich werde alles, was ich lerne, für eine Entscheidung verwenden, die mir bevorsteht. Ich will nicht lange darum herumreden, der Leiter hat mir gesagt, daß ich mir selbst zwei Sorten von Fragen stellen muß, um zu einer besseren Entscheidung zu gelangen. Wie lauten diese Fragen?»

Frank antwortete: «Du solltest deinen Kopf für die Beantwortung des ersten Fragenkomplexes gebrauchen: ‹*Werde ich damit einer echten Notwendigkeit gerecht? Habe ich mich über Alternativen informiert? Habe ich alles gründlich durchdacht?*›»

Frank blickte den jungen Mann an: «Hast du das getan?»

Dessen Antwort kam schnell: «So ungefähr.»

Frank hakte sofort ein und sagte mit Nachdruck: «Junger Freund, würde es dir nicht helfen, wenn du mit ‹Ja› oder ‹Nein› antworten könntest?»

Der junge Mann zuckte zusammen. Doch dann lächelte er und drehte den Schirm seiner neuen Mütze nach hinten. «Vielleicht schon.»

Frank lachte laut, und das Eis war gebrochen. Er wußte, daß der junge Mann unsicher war und auch ein wenig abwehrend reagierte, aber er wußte seinen Sinn für Humor zu schätzen. «*Vielleicht* ist eine große Nicht-Entscheidung. Betrachte die drei Grundideen einmal genauer, aus denen der erste Fragenkomplex besteht: ‹*Den echten Notwendigkeiten gerecht werden, sich über Alternativen informieren und alles gründlich durchdenken.*› Also, beginn mit der ersten: *Wirst du mit deiner Entscheidung echten Notwendigkeiten gerecht?*»

Der junge Mann war jetzt ruhiger. Vielleicht könnte er wirklich klarer denken, wenn er sagen könnte: Ja, ich sehe die echte Notwendigkeit ein, oder aber: Nein, ich tue es nicht.

Nach einer kurzen Pause sagte er: «Nein.»

«Gut», sagte Frank. «Sobald du auf eine Frage mit ‹Nein› geantwortet hast, kannst du dich weiter damit beschäftigen. Und dann kannst du zu einer besseren Entscheidung gelangen.»

«In welcher Weise muß ich mich weiter damit beschäftigen?»

«Wenn du auf die erste Frage mit ‹Nein› geantwortet hast, solltest du genauer darauf achten, worum es dir eigentlich geht. Den meisten von uns geht es nur darum, was sie *wollen*. Im allgemeinen tun wir das, weil wir nicht wissen, was wir *brauchen*. Und so wählen wir das Falsche.»

Der junge Mann zuckte wieder zusammen. Er dachte daran, daß er heute morgen den falschen Weg eingeschlagen hatte. «Woher weiß ich, worin die echte Notwendigkeit besteht?»

«Du kannst dich anfangs selbst fragen: ‹Ist es etwas, was ich eigentlich *nur möchte*, oder ist es etwas, was ich *wirklich brauche*?›»

«Wo liegt denn da der Unterschied?»

«Das erste ist nur ein *Wunsch*, das zweite eine *Notwendigkeit*. Ein Wunsch ist etwas, was zwar attraktiv ist, uns aber von dem eigentlichen Weg abbringt. Wir streben nach der Erfüllung eines Wunsches, stellen aber später fest, daß wir davon nicht befriedigt werden. Selbst wenn wir bekommen, was wir uns wünschen, wollen wir danach eigentlich nur mehr. Eine Notwendigkeit dagegen ist etwas grundlegend Wichtiges in einer bestimmten Situation. Zum Beispiel wollen wir vielleicht Marmelade, aber wir brauchen Brot. Die Marmelade schmeckt gut, ist aber nicht notwendig.»

Der junge Mann sagte erstaunt: «Das sind ja ziemlich elementare Überlegungen. Das ist sicher für Anfänger besonders nützlich.»

Frank gab sofort zurück: «Sehe ich nach einem Anfänger aus? Die meisten Menschen vergessen leider, gerade die einfachsten Grundprinzipien anzuwenden.» Er schwieg einen Augenblick und fuhr dann fort: «Die wirklich erfolgreichen Menschen versuchen immer erst das zu erreichen, was sie tatsächlich *brauchen*. Zum Beispiel wünschen wir uns vielleicht ein elegantes Haus, aber was wir *brauchen*, ist ein liebevolles Zuhause. Wenn wir nun nur nach dem streben, was wir uns wünschen, bekommen wir häufig nicht das, was wir wirklich brauchen. Ich *weiß* das aus eigener Erfahrung. Wenn du wirklich effektiv sein willst, solltest du deine Prioritäten richtig setzen, solltest dich nach unserem Beispiel also erst um ein Zuhause bemühen und dann um ein elegantes Haus. Wenn du getan hast, was notwendig war, dann kannst du tun, was du tun willst, aber erst dann.»

Der junge Mann dachte über den Unterschied zwischen den eigenen Wünschen und den Notwendigkeiten in Beruf und Privatleben nach und fragte sich, wie es ihm wohl in Zukunft ergehen würde.

Ihm fielen Beispiele für kurzsichtige Entscheidungen aus dem amerikanischen Wirtschaftsleben ein. Was war zum Beispiel in den achtziger Jahren geschehen, als die Japaner eine Reihe von amerikanischen Großunternehmen und Immobilien erworben hatten? Die Amerikaner hatten bekommen, was sie sich *wünschten*: schnell einen großen Profit.

Aber die Japaner hatten bekommen, was sie *brauchten*: langfristige Investitionen und Vermögenswerte.

Der junge Mann überlegte weiter, ob er wohl nach dem strebte, was er sich wünschte, oder nach dem, was er brauchte.

Frank versuchte zu helfen: «Wichtig ist, daß man sich auf die echten Notwendigkeiten konzentriert. Das bedeutet, daß man als Ziel nur die Ergebnisse vor sich sieht, die man erreichen *muß*, und daß man sich diese Ergebnisse bewußt macht, sie sich geradezu naturalistisch ausmalt, so daß man schon beinahe dadurch einen Weg vor sich sieht, wie man sie erreichen kann.»

Der junge Mann blickte in den blauen Himmel und sah die blasse Mondsichel. «Ich habe mal die Aufzeichnung einer Rede des amerikanischen Präsidenten J. F. Kennedy aus den frühen sechziger Jahren gehört. Er sagte damals: ‹Wir werden bis zum Ende dieses Jahrzehnts einen Mann auf den Mond und sicher wieder auf die Erde zurück bringen.›»

Frank sah ihn erstaunt an: «Wie kommst du gerade darauf?»

«Ich finde, das ist ein gutes Beispiel dafür, wie man sich auf eine echte *Notwendigkeit* konzentriert. Der Präsident hatte vorausschauend im Blick, was wirklich nötig war, nämlich die Sicherheit.»

Frank nickte. «Er *wollte* also vielleicht *bald* einen Mann auf den Mond bringen. Aber die *notwendige Voraussetzung* dafür war, daß er Männer nicht nur auf den Mond transportieren, sondern sie auch *heil* wieder zur Erde bringen konnte.»

«Ja, denn sonst wäre das ganze Raumfahrtprogramm gestrichen worden», sagte der junge Mann. «Außerdem sprach er von dem Ende des Jahrzehnts, und das gab der ganzen Sache noch eine gewisse Dringlichkeit.»

«Erinnerst du dich noch, was dann geschah?» fragte Frank.

«Ja. Amerika schickte die ersten Männer auf den Mond vor dem Ende des Jahrzehnts und brachte sie auch wieder sicher auf die Erde zurück. Ich habe damals Filmaufnahmen von der Apollo-Kapsel gesehen, wie sie unversehrt wieder ins Meer platschte.»

Frank fragte wieder: «Wenn du an diese Szenen denkst, was kannst du daraus über die Konzentration auf die echte Notwendigkeit lernen?»

Der junge Mann antwortete: «Ich verstehe allmählich, daß man bessere Ergebnisse erzielt, wenn man sich auf die echte Notwendigkeit konzentriert und zu allem anderen ‹nein› sagt.»

«Gut. Glaubst du, es könnte dir bei der Konzentration helfen, wenn du dir genau aufschreibst, welche Ergebnisse für dich unbedingt notwendig sind, und dir diese Liste häufig ansiehst?»

«Ja.» Der junge Mann blieb stehen und schrieb auf, welche Ergebnisse für ihn unbedingt wichtig waren. Dann dachte er noch weiter über die Entscheidung nach, die vor ihm lag, und sagte: «Wenn ich mich also auf die Ergebnisse konzentriere, sehe ich sie deutlich vor mir und lasse mich durch nichts davon ablenken.»

Frank nickte. «Du konzentrierst dich auf das Ergebnis, indem du ‹nein› zu allem sagst, was dir nicht zu dem benötigten Ergebnis verhilft, und ‹ja› nur zu dem, von dem du dir Hilfe versprichst.»

«Wie kann ich das lernen?»

Frank antwortete: «Entschlossene Menschen wissen genau, worauf es ankommt. Sie können also schnell entscheiden, ob ein bestimmtes Vorgehen dem, was sie in einer bestimmten Situation brauchen, nützt oder schadet. Bleiben wir bei deinem Beispiel aus der Raumfahrt. Stell dir vor, ein Ingenieur geht zu seinem Vorgesetzten und unterbreitet ihm einen Plan, wie man einen Mann auf den Mond transportieren könnte, einen Plan, der dafür aber mindestens 15 Jahre vorsieht. Was, glaubst du, würde der Vorgesetzte, der sich über die notwendigen Ziele vollkommen im klaren ist, dazu sagen? ‹Ja› oder ‹nein›?»

Der junge Mann brauchte nicht lange zu überlegen. «Wenn die Notwendigkeit darin besteht, vor dem Ende des Jahrzehnts einen Mann auf den Mond und heil wieder zurückzubringen, dann wäre alles, was länger als zehn Jahre dauert, eindeutig nicht akzeptabel. Der Vorgesetzte, der sich auf das notwendige Ziel konzentriert, könnte also leicht ‹nein› sagen. Es handelt sich vielleicht um eine wirklich gute Idee, aber er wird sie nicht aufgreifen.»

«Richtig», sagte Frank. «Siehst du jetzt, wieviel leichter

einem Entscheidungen fallen, wenn man sich nur auf die echte Notwendigkeit konzentriert?»

«Ja, allmählich schon.»

«Ich habe noch ein Beispiel», fuhr Frank fort. «Was ist, wenn der Ingenieur seinem Vorgesetzten einen Plan vorlegte, nach dem ein Mann zwar innerhalb von drei Jahren auf den Mond befördert werden könnte, dabei aber großen Risiken ausgesetzt wäre?»

Der junge Mann mußte nicht lange überlegen. «Ein auf das notwendige Ergebnis konzentrierter Vorgesetzter würde diesen Vorschlag wegen des Risikos mit einem glatten ‹Nein› ablehnen.»

Frank sagte: «Siehst du jetzt, daß deine Entschlußfähigkeit stark davon abhängt, wie deutlich du die echte Notwendigkeit erkennst?»

«Ja, das ist eine große Hilfe.»

«Die Verantwortlichen des Raumfahrtprogramms wußten das sehr genau», sagte Frank weiter. «Bisher war niemand im Weltraum gewesen, und deshalb war es wichtig, alle erreichbaren Informationen zu sammeln und sich genau zu überlegen, worin die notwendigen Schritte bestanden. Die Verantwortlichen konzentrierten sich auf das angestrebte Ziel, das sie deutlich vor Augen hatten, und unternahmen dann die dafür notwendigen Schritte.»

Der junge Mann nickte. «Ich habe Trickfilme gesehen, die den Astronauten zeigten, was sie erwartete, zum Beispiel, wenn sich die Kapsel drehte. So konnten sie sich darauf vorbereiten, bevor sie selbst in der Situation waren.»

«Ja. Je deutlicher man die Ergebnisse vor Augen hat, die man letzten Endes erreichen muß, desto einfacher kann man mit allem fertig werden, was auf dem Weg dahin geschieht.»

Die beiden Männer blieben stehen, um einen Schluck aus ihrer Wasserflasche zu nehmen. Der junge Mann holte sein Notizbuch aus dem Rucksack und schrieb:

Wenn ich mich nur auf das konzentriere,
was notwendig ist,
bin ich entschlußfähiger und kann schneller
bessere Entscheidungen treffen.

«Wir *wollen* viel», sagte Frank, «aber wir *brauchen* nur wenig. Wenn wir uns bei unseren Entscheidungen darauf konzentrieren, was wir wirklich brauchen, das heißt darauf, wodurch wir uns wirklich besser fühlen, dann fallen uns Entscheidungen sehr viel leichter. Ich, zum Beispiel, bin Witwer und kaufe meine Lebensmittel selbst ein. Am Tag nach meiner ersten WANDERUNG ging ich in den Supermarkt und wollte ausprobieren, was ich gerade gelernt hatte. Bei der Auswahl der Lebensmittel fragte ich mich also jedesmal: ‹*Will* ich dieses nur, oder *brauche* ich es?› Ich stellte fest, daß diese Frage für mich wirklich sinnvoll war, denn ich kaufte jetzt viel gesündere und nahrhaftere Lebensmittel ein, die mir dazu noch gut schmeckten. Jetzt ist es mir zur Gewohnheit geworden, gesünder zu essen, und ich fühle mich viel besser.»

Der junge Mann fragte: «Woher kann ich wissen, was ich will und was ich brauche?»

«Es gibt da eine einfache Methode. Um zu wissen, was man einfach nur *will*, fragt man sich: ‹Was möchte ich gern *tun*?› Um zu wissen, was man wirklich *braucht*, fragt man sich: ‹Im nachhinein betrachtet, was hätte ich lieber *tun sollen*?› Im Supermarkt fragte ich mich zum Beispiel: ‹Wenn ich an die Zeit nach dem Essen denke, was hätte ich da gern gegessen?›»

«Ja, das ist eine gute Methode», sagte der junge Mann. «Ich finde meistens erst hinterher heraus, worin der Unterschied besteht zwischen dem, was ich möchte, und dem, was ich brauche. Dann nämlich, wenn ich bekommen habe, was ich möchte, und ich merke, daß es doch nicht das bewirkt, was ich erhofft hatte.»

«Vielen Menschen geht es in ihrem Beruf ebenso», sagte Frank. «Sie tun, was sie möchten, und nicht, was nötig ist, und schaden so sich selbst und dem Unternehmen. Je mehr Leute innerhalb des Unternehmens das tun, was das Unternehmen braucht, desto besser ist es für den einzelnen. Ob wir aber Mitarbeiter eines Unternehmens sind oder ob wir als einzelne in unserem Privatleben Entscheidungen zu treffen haben, es kann auf jeden Fall nur von Vorteil sein, wenn wir uns fragen: ‹*Werde ich einem echten Bedürfnis gerecht?*›»

«Ja», sagte der junge Mann, «ich sehe allmählich, wie wichtig das ist.»

Dann erzählte er von einem Freund, der als Lektor in einem Verlag gearbeitet hatte und dem gekündigt worden war. Sein Freund hatte Professoren dafür geworben, Bücher für den Verlag zu schreiben. Diese Werke aber sprachen nur einen kleinen Leserkreis an und ließen sich nicht gut verkaufen.

Der Freund war gescheitert, weil er nur das im Auge hatte, was er selbst wollte, nämlich anspruchsvolle Literatur verlegen, und das vernachlässigt hatte, was er brauchte, nämlich Bücher zu veröffentlichen, die viele Leser fanden. Denn nur dann konnte es sich der Verlag leisten, prestigeträchtige, aber schwerer verkäufliche Bücher herauszubringen.

Frank verfolgte diesen Gedanken noch weiter. «Kannst du dir vorstellen, wie viele Überlegungen dein Freund anstellte, um zu entscheiden, welcher Professor welche Bücher schreiben sollte? Waren alle diese Entscheidungen wirklich notwendig?»

Der junge Mann mußte zugeben, daß das nicht der Fall war, weil diese Entscheidungen nämlich nichts mit der eigentlichen Notwendigkeit zu tun hatten: Der Verlag mußte etwas verdienen, damit neben anderem auch die Gehälter der Angestellten, wozu auch dieser Freund gehörte, bezahlt werden konnten. Das gelang aber nur, wenn beides verlegt wurde, sowohl anspruchsvolle schwerverkäufliche als auch gewinnbringende Bücher.

Da ging dem jungen Mann auf, daß viele der Entscheidungen, die er in seinem Beruf traf, wahrscheinlich auch unnötig waren. Er nahm sich fest vor, ab jetzt sich mehr darauf zu konzentrieren, was für seine Firma wirklich notwendig war. Wenn er seine Energien nicht weiter an unsinnige Bemühungen verschwendete, würde er sich selbst und der Firma mehr nützen. Wenn er effizienter arbeitete, würde er sogar früher nach Hause gehen können.

Schon jetzt konnte der junge Mann einige Entscheidungen als unwichtig ausschließen. Er konnte sich jetzt auf die echte Notwendigkeit der wichtigeren Entscheidungen konzentrieren.

Er dachte an die Entscheidung, die er treffen mußte.

Frank sagte: «Laß dich nicht von Überflüssigem ablenken, auch wenn es dir attraktiv erscheint. Versuche lieber herauszufinden, was wirklich notwendig ist, und setze dort deine Energien ein, bis du es erreicht hast. Wenn du dich von Anfang an auf das konzentrierst, was wirklich notwendig ist, dann wirst du schließlich auch mehr erreichen.»

Jetzt fiel dem jungen Mann ein, welche Fragen sich die Wanderer am Anfang der WANDERUNG gestellt hatten. Sie hatten beim Mittagessen zusammengesessen und überlegt: «Wollen wir uns bei der WANDERUNG anstrengen, oder wollen wir eine leichtere Route aussuchen, die uns Zeit zum Nachdenken gibt?»

Sie hatten sich für die zweite Möglichkeit entschieden und beschlossen, den Berg über den sanften Hang von Osten her zu besteigen, weil ihnen bewußt war, daß sie während des Wochenendes Muße brauchten, um über ihre Entscheidungen *nachzudenken*.

Frank meinte: «Du wirst bald zu besseren Entscheidungen fähig sein, wenn du dich fragst: *‹Werde ich den Notwendigkeiten gerecht?›*»

Dann schwiegen beide, jeder in seine eigenen Gedanken versunken. Frank war durch das Gespräch mit dem jungen Mann über den ersten Teil des praktischen Fragenkomplexes dazu angeregt worden, selbst mehr darüber nachzudenken. Er blickte in die Ferne und überlegte, was er wirklich tun sollte.

Beide Männer beschlossen, eine Weile schweigend weiterzuwandern. Der junge Mann dachte darüber nach, wie er wohl das, was er gelernt hatte, anwenden könnte. Um welche Notwendigkeit ging es bei seiner Entscheidung? Worauf kam es wirklich an? Wieder dachte er an die Entscheidungen, die er treffen mußte, und wiederholte sich den praktischen Fragenteil: *«Werde ich den echten Notwendigkeiten gerecht? Informiere ich mich über Alternativen? Durchdenke ich alles gründlich?»*

Er wußte, daß er sich erst mit der ersten Frage dieses Fragenkomplexes beschäftigt hatte. Was würde er noch lernen müssen? Er wußte auch, daß die anderen Wanderer sich darüber Gedanken machten.

Schließlich bleiben beide Männer im Schatten eines Baumes stehen, um sich etwas auszuruhen. Der junge Mann nahm sein Notizbuch aus dem Rucksack. Er wollte sich eine Zusammenfassung dessen aufschreiben, was er erinnern und auch *anwenden* wollte:

Den Notwendigkeiten gerecht werden
Eine Zusammenfassung

Wenn ich mich von Anfang an nur auf das, was wirklich notwendig ist, konzentriere, werde ich am Ende bessere Ergebnisse erzielen.

Das bedeutet, daß ich diese Ergebnisse schon deutlich vor mir sehe, sie visualisiere, und dann nur das tue, was zum Erreichen dieses Ziels notwendig ist.

Etwas wollen ist nur, sich etwas wünschen. Etwas brauchen heißt etwas nötig haben. Tun, was notwendig ist, bringt Erfolg und Zufriedenheit.

Um herauszufinden, ob ich etwas nur wünsche, frage ich mich: «Was möchte ich jetzt tun?» Um herauszufinden, ob etwas wirklich notwendig ist, frage ich: «Was würde ich mir später wünschen, getan zu haben?»

Warum ist diese Entscheidung wirklich wichtig? Werden andere und ich dadurch erfolgreicher und zufriedener sein? Kann ich mir das Ziel deutlich vorstellen? Sage ich «ja» zu dem, was mich auf dem Weg dahin weiterbringt, und sage ich «nein» zu allem anderen?

Ich benutze meinen Kopf und stelle mir die erste praktische Frage: Werde ich den echten Notwendigkeiten gerecht?

JA______ oder NEIN______

Sich über Alternativen informieren

Freitag, am späten Nachmittag

Später am selben Nachmittag stellte Frank dem jungen Mann Hiro Tanaka vor, einen der fähigsten Wanderer der Gruppe. Hiro war ein erfolgreicher Geschäftsmann und Besitzer einer mittelgroßen Firma in Tokio.

Die drei Männer überquerten gerade ein kahles felsiges Gelände, als Frank Hiro mitteilte, daß der junge Mann sich die erste praktische Frage gestellt hatte.

«Wenn ich mir vor jeder Entscheidung erst jede Frage des ersten und jede Frage des zweiten Fragenkomplexes stellen muß, wird es dann nicht zu lange dauern, bis ich überhaupt zu einer Entscheidung komme?» fragte der junge Mann.

Frank lächelte nur. Dann winkte er Hiro und dem jungen Mann zu und ging allein weiter.

Hiro sprach leise und deutlich. «Es stimmt schon, was du sagst. Aber wir haben in Japan ein Sprichwort: ‹Je langsamer ich gehe, desto schneller werde ich ankommen.›»

Als der junge Mann ihn verwundert anblickte, lachte Hiro und fügte hinzu: «Die moderne Übersetzung ist: ‹Ich brauche weniger Zeit, eine bessere Entscheidung zu treffen, als eine schlechte Entscheidung zu korrigieren.›»

Der junge Mann sah verlegen zu Boden. Diese Erfahrung hatte er heute morgen selber gemacht.

Er begann einzusehen, daß er sich die Zeit nehmen mußte, um auf Anhieb eine bessere Entscheidung zu treffen.

Hiro fragte: «Bist du bereit, dich mit der nächsten Frage des praktischen Teils zu beschäftigen: ‹*Informiere ich mich über Alternativen?*›»

Der junge Mann lächelte. «Was habe ich für Alternativen?»

Hiro lachte. «Eine deiner Alternativen ist die Erkenntnis, daß du im allgemeinen Alternativen *hast*. Häufig sogar mehrere, aber sie sind dir vielleicht nicht bewußt. Wenn du dich selbst sagen hörst: ‹Ich habe ja keine andere Wahl›, dann lächele nur über dich selbst, und erinnere dich daran, daß du dir der Alternativen nur noch nicht *bewußt* bist.»

Hiro sah den jungen Mann an und fuhr fort: «Manchmal sind wir vor Furcht wie gelähmt, so daß wir glauben, keine andere Wahl zu haben. Das ist aber nur selten, wenn überhaupt jemals, der Fall. Es ist nur ein Zeichen dafür, daß wir vor Furcht nicht denken können.»

Der junge Mann warf ein: «Aber wenn du deine Alternativen nicht kennst, dann gibt es doch für dich keine Alternativen.»

«Wenn das der Fall zu sein scheint», sagte Hiro, «dann mußt du dir *bewußt* machen, welche Alternativen du hast.»

«Wie kann ich mir dessen bewußt werden?» fragte der junge Mann.

«Am besten fängst du damit an, indem du Fragen stellst und die notwendigen Informationen einholst. ‹Notwendig› ist nur, was du unbedingt wissen mußt, um eine bessere Entscheidung zu treffen. Alles andere ist überflüssig. Wenn du dich informierst, dann versuche nicht das zu umgehen, was du nicht hören willst, denn sonst wirst du nicht wirklich alle Alternativen kennenlernen. Und du wirst weiterhin in einer Illusion leben.»

«Wie kann ich das vermeiden?»

«Durch deine eigenen realistischen Beobachtungen kannst du durchaus die notwendige Information erhalten», sagte Hiro. «Nehmen wir einmal an, es ist deine Aufgabe, ein passendes Grundstück für eine Gärtnerei zu finden. Schließlich findest du ein Stück Land, was ideal wäre, sofern es dort nicht zu windig ist. Du fragst also den Makler, der dir versichert, daß es hier sehr windgeschützt sei. Aber wie kannst du das schnell selbst herausfinden?»

Der junge Mann hatte keine Ahnung, wenigstens glaubte er das.

Hiro sprach weiter: «Stell dir vor, auf dem Grundstück stehen Bäume.»

Jetzt wußte der junge Mann weiter. «Ich könnte sehen, wie

die Bäume gewachsen sind, ob sie zum Beispiel durch den Wind gebeugt sind.»

«Genau», sagte Hiro. «Worauf kannst du dich mehr verlassen, auf das, was dir ein anderer sagt, oder auf deine eigenen Augen?»

Der junge Mann erinnerte sich an eine Situation, in der er seine eigenen Beobachtungen nutzbringend angewendet hatte. Er hatte erst viele Autotypen überprüft, um die verschiedenen Möglichkeiten gegeneinander abzuwägen, bevor er sich sein erstes eigenes Auto kaufte. Er antwortete mit fester Stimme: «Auf meine eigenen Augen.»

«Ja. Wenn du mehr wissen willst, mußt du genauer beobachten», sagte Hiro.

Der junge Mann überlegte eine Weile. «Könnte ich denn besser beobachten lernen, wenn ich mich mit anderen Menschen unterhalte, die gute Beobachter sind?»

«Ja», sagte Hiro. «Frage die erfahrensten Menschen, die du kennst, diejenigen, die Ähnliches schon ein paarmal durchgemacht haben. Überlege dir, auf welche Weise deine Beobachtungen zu zuverlässigen Informationen führen können.»

«Zum Beispiel kann es mir doch sicher helfen, wenn ich mit allen hier über den PLAN spreche?»

«Ja, wende dich an diejenigen, die dir deiner Meinung nach helfen können, und höre ihnen gut zu. Aber sei vorsichtig, akzeptiere nicht einfach, was ein anderer für die Realität hält. Prüfe die Informationen immer selbst nach.»

Der junge Mann lächelte. «Allmählich verstehe ich die Botschaft ‹Informiere dich selbst›.»

«Ja. Wenn du von anderen Informationen erhältst, die für deine eigene Entscheidung sehr wichtig sein könnten, prüfe sie immer selbst nach.»

Der junge Mann dachte über das nach, was Hiro gesagt hatte, und auch über den Weg, der noch vor ihm lag. Ihm fiel auf, daß erfahrene Wanderer wie Hiro unabhängig waren. Sie kannten den Weg. Wenn er aber selbst gut aufpaßte, dann würde er schließlich auch seinen eigenen Weg gehen können.

Hiro sagte: «Du wirst selten von Alternativen erfahren, wenn du nur dasitzt und auf sie wartest.»

«Ja, manchmal mache ich genau das», sagte der junge Mann nachdenklich. «Warum wohl?»

«Du fühlst dich vielleicht von einer unbewußten Angst wie gelähmt», meinte Hiro. «Angst behindert uns in unserer Weitsicht.»

Nach einer kurzen Pause fuhr er fort: «Ein Vater sagte mir einmal nach dem Selbstmord seiner Tochter: ‹Denken Sie nur einmal an all die Möglichkeiten, die sie hatte und die sie nicht sah.›» Hiro sah sehr nachdenklich aus, als er offensichtlich die Trauer nachempfand, die dieser Vater gefühlt haben mußte. «Und das Traurigste an der Geschichte ist, daß das, was uns am meisten angst macht und uns lähmt, im allgemeinen überhaupt nicht existiert. Wenn man aber Informationen aus der realen Welt einholt und so feststellt, was wirklich ist, dann wird einem auch deutlich, welche Alternativen man schon die ganze Zeit hatte. Man fühlt sich besser, wenn man beginnt, sich zu informieren. Eine korrekte Information führt nicht selten zu weiteren Erkenntnissen. Schon dadurch, daß man sich informiert, verliert man seine Naivität und gewinnt realistisches Wissen. Man beginnt die Dinge so zu sehen, wie sie wirklich sind.»

Hiro sah den jungen Mann aufmerksam an. «Wann bist du stärker entmutigt: wenn du Alternativen siehst oder wenn du glaubst, daß es keine Alternativen gibt?»

«Ich bin natürlich besonders entmutigt, wenn ich das Gefühl habe, keine Alternativen zu haben. Im Beruf befinde ich mich zur Zeit in einer solchen Situation.»

Hiro fragte weiter: «Wie wirst du am ehesten erkennen, daß es andere Möglichkeiten gibt: wenn du allein vor dich hinbrütest oder wenn du versuchst, dich in der realen Welt zu informieren?»

«Ich muß mich über die verschiedenen Alternativen informieren, damit ich realistischer erkenne, wie die Situation ist und was wie abläuft.»

«Ja», sagte Hiro. «Du sollst dabei aber möglichst nicht vergessen, daß die notwendige Information nicht nur eine Sammlung von Tatsachen ist. Dazu gehört auch das Wissen, wie andere über diese Tatsachen denken, was sie dabei fühlen.»

Der junge Mann schwieg. Ihm wurde deutlich, daß er auch mehr über die Gefühle anderer Menschen erfahren mußte und sich nicht auf reine Tatsachen beschränken durfte. Er nahm sich fest vor, das in Zukunft zu tun.

Dann fragte er: «Ich informiere mich also über Tatsachen und Gefühle; woran merke ich denn, daß ich genug weiß, um meine Entscheidung zu treffen?»

«Es gibt zwei Sorten von Informationen», sagte Hiro. «Manches interessiert einen nur, und manches muß man unbedingt wissen. Manchmal hast du vielleicht das Gefühl, daß du gern über eine Sache noch mehr erfahren möchtest, aber du mußt dich fragen: ‹Habe ich nicht bereits alle notwendigen Informationen?› Notwendig sind nur die Informationen, ohne die du keine bessere Entscheidung treffen kannst. Wenn wir zum Beispiel heute abend unser Lager aufschlagen, ist es unbedingt notwendig, daß wir vorher feststellen, ob genügend Trinkwasser in der Nähe zu finden ist. Hier draußen in der Wildnis kann einen eine uninformiert getroffene Entscheidung teuer zu stehen kommen.»

Der junge Mann blieb stehen und schrieb in sein Notizbuch:

Ich werde mir meiner Alternativen deutlicher bewußt, wenn ich mich ausführlicher informiere.

Der junge Mann blickte Hiro an. «Ich habe meinen Kopf wohl nicht ausreichend benutzt und nicht genug über meine Alternativen nachgedacht», gab er zu.

«Du hast aber einen Anfang gemacht, indem du dich fragtest: ‹*Werde ich den Notwendigkeiten gerecht? Informiere ich mich über Alternativen?*›» sagte Hiro.

Doch der junge Mann wollte mehr wissen. «Wie stelle ich fest, welche Alternative für mich die beste ist?»

Hiro fragte zurück: «Was meinst *du* denn?»

«Also, ich könnte mich wahrscheinlich fragen, ob eine bestimmte Alternative der beste Weg ist, um das wirklich Notwendige zu tun.»

«Das ist sehr gut», sagte Hiro. «Du ziehst die richtigen Schlüsse. Erinnerst du dich noch an den ersten Schritt auf dem Weg zu einer besseren Entscheidung?»

«Ja, stehenzubleiben. Wenn ich nicht weiß, wie ich zu einer besseren Entscheidung komme, dann kann ich erst einmal zu einer schlechten Entscheidung ‹nein› sagen und mit dem aufhören, was sowieso nicht funktioniert. Selbst wenn ich nicht gleich weiß, wie ich es besser machen kann, irgendwann werde ich diesen Leerraum, der durch mein ‹Nein›-Sagen entstanden ist, mit etwas Besserem ausfüllen.»

«Genau», bestätigte Hiro. «Du hattest dich schließlich entschlossen, mit dem aufzuhören, was für dich nicht das Richtige war, und mit uns auf die WANDERUNG zu gehen. Schon dadurch hast du dich auf den Weg gemacht zu einer besseren Entscheidung. Indem du dich von der schlechten Alternative, Entscheidungen immer weiter auf die alte Art und Weise zu treffen, losgesagt hast, hast du deine Chancen erhöht, einen besseren Weg zu finden. Letztes Jahr, zum Beispiel, erzählte mir einer unserer amerikanischen Wanderer, daß seine Arbeit stark unter seiner Scheidung leide. Er glaubte, daß er seine Frau immer noch liebe, daß sie aber kein Interesse mehr an ihm habe. Er wußte nicht, was er tun sollte. Er mochte nichts essen, und er konnte nicht schlafen.»

«Liebte er seine Frau denn wirklich noch?»

«Ich weiß es nicht. Aber nach dem, was er über seine Beziehung zu ihr erzählte, konnte man sich das kaum vorstellen. Dennoch glaubte er, daß er erst wieder glücklich und produktiv sein könne, wenn seine Frau zu ihm zurückkehrte. Da das aber nicht möglich war, wurde er depressiv. Dann geschah etwas sehr Interessantes. Er wurde sich bewußt, daß er Alternativen hatte.»

«Wie ist denn das gekommen?» fragte der junge Mann.

«Er berichtete mir, daß ein guter Freund ihm Fragen gestellt hatte, die es ihm möglich machten, plötzlich echte Alternativen zu seiner Situation zu sehen. Der Freund fragte zum Beispiel: ‹Warst du und war deine Frau in der Ehe glücklich?› Der Mann mußte mit ‹Nein› antworten. ‹Glaubst du, daß du und deine Frau sich geändert haben?› Wieder antwortete er mit ‹Nein›. ‹Warum glaubst du dann, daß ihr jetzt wirklich miteinander glücklich sein könntet?› Als der Mann darauf nicht antworten konnte, fragte der Freund weiter: ‹Wäre es nicht sinnvoller, wenn du deine ganze Einstellung ein wenig zum Positiven hin verändertest? Dann könntest du eine Frau kennenlernen, die besser zu dir paßt.› Der Freund fuhr fort: ‹Stell dir nur vor, daß du aus deinen Fehlern gelernt und dich geändert hast. Jetzt gehst du auf eine Segeltour und triffst eine sehr nette Frau, die dich auch mag. Vielleicht triffst du eine solche Frau auch bei einem Geschäftsessen, lädst sie für den nächsten Tag ein, und ihr stellt fest, daß euch etwas ganz Besonderes verbindet.»

«Oder», fuhr Hiro fort, «du trittst einem Fahrradclub bei, und bei der nächsten Wochenendtour radelst du neben einer interessanten Frau, mit der du noch am selben Abend Bridge spielst. Und aus dieser Begegnung entwickelt sich in nicht allzu langer Zeit eine für beide Seiten schöne, tiefe Beziehung. Es gibt noch viele andere Möglichkeiten.» Hiro überließ es dem jungen Mann, sie sich auszumalen.

Der junge Mann lächelte und sagte: «Es dauerte sicher nicht lange, bis der Betreffende sich besser fühlte.»

«Das stimmt, weil er die Situation und seine Möglichkeiten jetzt realistischer sah. Er hörte auf, sich selbst zu bemitleiden, und erkannte, daß er eine ganze Reihe von Alternativen entwickeln konnte. Es lag nur an ihm selbst. Die verschiedenen Möglichkeiten waren immer vorhanden gewesen, er war sich ihrer nur nicht bewußt gewesen.»

Der junge Mann dachte jetzt an die Entscheidung, die vor ihm lag. «Das Problem ist also nicht, daß wir keine Alternativen *haben*, sondern daß wir diese Alternativen nicht *sehen.*» Er überlegte einen Augenblick und fuhr dann fort: «Wie hätte der geschiedene Mann diese verschiedenen Möglichkeiten denn früher erkennen können?»

«Beantworte dir diese Frage selbst. Was hätte er tun können, um sich dieser Alternativen früher bewußt zu werden?»

«Also, ich kann die verschiedenen Möglichkeiten, die mir offenstehen, besser erkennen, wenn ich mich selbst um die notwendige Information bemühe. Vermutlich hätte er das gleiche tun können, er hätte mehr Informationen einholen können.»

«Ja», sagte Hiro. «Wie kann er sich informieren, um die ihm zur Verfügung stehenden Alternativen zu entdecken?»

«Er könnte sich zum Beispiel erkundigen, ob es in seiner Gegend irgendwelche Fahrradclubs gibt», schlug der junge Mann vor. «Oder er könnte sich erkundigen, ob es Bekanntschaftsvermittlungen für Singles gibt, oder...»

«Ja», unterbrach ihn Hiro. «Er könnte sich informieren, selbst wenn ihm eigentlich noch nicht danach zumute war. Er wußte einfach noch nicht genug über die verschiedenen Möglichkeiten. Erinnerst du dich noch daran, daß du sagtest: ‹Manchmal hat man einfach keine Wahl›?»

«Ja. Ich wußte nicht, daß es im allgemeinen immer eine Reihe von Alternativen gibt und daß mehr Informationen mir helfen könnten, diese anderen Möglichkeiten zu sehen. Das erinnert mich an eine Anekdote über Henry Ford und die Notwendigkeit, sich zu informieren, bevor man eine Entscheidung trifft. Henry Ford suchte einen überregionalen Manager und lud drei seiner regionalen Manager zum Essen ein. Kurz darauf traf er seine Wahl. Als der Gewählte Ford später fragte, warum er sich gerade für ihn entschieden hätte, sagte Ford: ‹Sie alle drei waren als Verkäufer sehr erfolgreich, aber Sie waren der einzige, der das Essen probierte, bevor er nachsalzte. Ich ziehe einen Manager vor, der sich informiert, bevor er eine Entscheidung trifft.›»

Der junge Mann lächelte, als er daran dachte, daß er ja auch nicht immer die notwendigen Informationen einholte, bevor er sich entschied. Wer weiß, welche Chancen er dadurch verpaßt hatte. Er mußte jetzt ein wenig für sich sein und nachdenken. Er dankte Hiro und wanderte alleine weiter.

Nach einer Weile setzte er sich auf einen Baumstamm, holte sein Notizbuch heraus und schrieb auf, welche Erkenntnisse er schon gewonnen und welche Fragen er noch hatte.

Wie ich mich selbst über Alternativen informiere: eine Zusammenfassung

Als erstes muß ich mir klarmachen, daß es wahrscheinlich mehrere Möglichkeiten gibt, die ich nicht sehe.

Ich werde mir der vorhandenen Alternativen immer mehr bewußt, wenn ich die notwendigen Informationen einhole.

Ich wähle die Alternative, die der echten Notwendigkeit gerecht wird.

Jede Information *besteht aus Tatsachen und aus Gefühlen, das heißt aus dem, was wirklich ist, und aus dem, wie wir es empfinden.*

Ich hole die notwendigen Informationen ein, entweder durch meine eigenen Beobachtungen oder durch die anderer. Dann allerdings prüfe ich sie nach.

Habe ich die notwendigen Informationen? Wenn nicht, woher kann ich sie bekommen? Wie kann ich sie am besten finden? Habe ich sie persönlich nachgeprüft?

Welche Alternativen werden mir bewußt, während ich mich informiere? Informiere ich mich über die verschiedenen Möglichkeiten?

Ich benutze meinen Kopf und stelle mir die ersten beiden Fragen des praktischen Fragenkomplexes:

Werde ich den echten Notwendigkeiten gerecht? Informiere ich mich über Alternativen?

JA______ oder NEIN______

Alles gründlich durchdenken

Freitag abend

Alle hatten sich ausgeruht und dabei den Sonnenuntergang genossen. Jetzt war es Nacht geworden, und sie wanderten langsam unter der Führung des hochgewachsenen älteren Mannes weiter. Er wies sie immer wieder darauf hin, bewußt zu erleben, was es bedeutete, seinen Weg im Dunkeln zu finden.

«So treffen wir häufig unsere Entscheidungen, im Dunkeln», sagte er. «Wir könnten unseren Weg erhellen, es uns leichter machen, wenn wir uns ein paar Fragen stellen, aber wir vergessen zu fragen und bleiben im Dunkeln.»

Sie waren in einer Stunde nur langsam vorangekommen. Jetzt hatten die aufmerksamen Wanderer einen Bach entdeckt und schlugen dort das Lager auf.

Der junge Mann zitterte vor Kälte, als er beim Feuermachen half. Er hatte nur eine dünne Jacke an. Er hätte sich wirklich besser auf die Kälte im Hochgebirge vorbereiten sollen. Er hatte nicht vorausgedacht. Der junge Mann rieb die Handflächen aneinander, um warm zu werden.

Ingrid Bauer, eine intelligent aussehende Frau, die als Unternehmensberaterin arbeitete, sah das und bot ihm lächelnd einen Pullover an. «Ich habe einen Extrapullover eingepackt. Gut, daß ich am liebsten große Größen trage.» Der junge Mann nahm das Angebot dankend an. Sie sagte weiter: «Frank sagte, daß du gerne einen Mentor hättest, jemanden, der Erfahrungen in deinem Beruf hat und dich etwas anleiten kann.»

«Ja, das stimmt.» Der junge Mann lachte. «Du kennst nicht zufällig jemanden in meiner Stadt, oder?»

Sie lächelte. «Nein. Aber ich kann verstehen, warum du gern einen Mentor hättest. In Deutschland gibt es das System der Lehrberufe. Junge Leute arbeiten mehrere Jahre eng mit jemandem zusammen, der den Beruf, den sie erlernen wollen, voll beherrscht. Nur so können sie sich für einen bestimmten Beruf qualifizieren. Die Ausbildung ist ausgezeichnet. Ich weiß, daß es diese Art von Ausbildung hier in Amerika nicht gibt, und deshalb müssen die Menschen hier ihr eigenes System entwikkeln.»

Nach einer kurzen Pause fuhr sie fort: «Vielleicht solltest du erkennen, daß du schon einen erfahrenen Mentor hast, nämlich dich selbst. Du bist dein eigener Mentor. Du bist jetzt älter und hoffentlich weiser und kannst Entscheidungen, die du in der Vergangenheit getroffen hast, und die daraus resultierenden Ergebnisse genau überprüfen. Auf die Weise kannst du mehr lernen, als dir irgend jemand beibringen könnte. Aus den schlechten Ergebnissen kannst du die Erkenntnis ziehen, was du nicht tun solltest, und aus den guten, wie du richtig handelst.»

Der junge Mann mußte an die schlechten Entscheidungen, die er in der Vergangenheit getroffen hatte, und ihre Folgen denken und verzog das Gesicht.

Ingrid drehte die Flamme der Campinglaterne auf, sah ihn an und sagte: «Nur Mut. Sei nicht so hart mit dir selbst.» Der junge Mann lächelte.

«Betrachte deine früheren Ergebnisse einmal genauer und lerne daraus. Sie sind deine besten Lehrmeister.» Ingrid blickte ihn aufmunternd an. «Wo befindest du dich denn jetzt auf dem PLAN?»

«Ich habe mich bisher mit den beiden ersten Fragen des praktischen Teils ‹*Werde ich den echten Notwendigkeiten gerecht, informiere ich mich über Alternativen?*› beschäftigt.»

Ingrid fragte: «Möchtest du jetzt etwas über die dritte Frage: ‹*Durchdenke ich alles gründlich?*› erfahren?»

«Ja.» Der junge Mann dachte an die Entscheidung, die er treffen mußte, und auch daran, daß er sie bisher nicht wirklich gut durchdacht hatte. Er schwieg.

Ingrid fragte: «Erinnerst du dich noch, wie du uns beim Mittagessen berichtet hast, daß der Leiter aus der Reichweite der giftigen Schlange gesprungen war, die auf dem Weg lag?»

«Ja. Und so schnell. Wie hat er das gemacht?»

«Der Leiter hatte es gründlich durchdacht», sagte Ingrid. «Schon bevor er die WANDERUNG begann, hatte er sich gefragt: ‹Was würde passieren, wenn plötzlich eine Schlange aus dem Unterholz hervorschnellen würde oder wenn Felsbrocken herabstürzten oder wenn eine Klippe plötzlich nachgeben würde? Was würde ich tun?› Er hatte sich schon auf das vorbereitet, was vielleicht auf seiner WANDERUNG geschehen könnte. Wir können das auch lernen. Wir können besser auf etwas vorbereitet sein, wenn wir es vorher durchdenken. Es ist wie bei einem guten Schachspieler, der ein paar Züge vorausdenkt, um zu gewinnen.»

«Wie können wir das denn lernen?» fragte der junge Mann.

«Wir können uns in eine Situation hineinversetzen und uns einfach fragen: ‹*Was würde die unmittelbare Folge sein, was würde dann geschehen? Und was dann?*› Bis wir die ganze Situation in Gedanken durchgegangen sind.»

Nach einer kurzen Pause fuhr Ingrid fort: «Im Beruf wie auch im Privatleben müssen wir auf warnende Zeichen achten und immer aufmerksam sein.»

Der junge Mann verstand. «Die Felsbrocken und die Schlangen werden also immer da sein, aber wenn wir uns darauf vorbereiten und alles im voraus gründlich durchdenken, dann können wir trotzdem sicher unseren Weg finden.»

«Ja», sagte Ingrid. «Ich habe festgestellt, daß es mir hilft, alles gründlich zu durchdenken und zu den gewünschten Ergebnissen zu kommen, wenn ich mich immer wieder frage ‹*Und was dann? Und was dann?*›»

Der junge Mann sah sie erstaunt an. «Bevor ich meine Entscheidung treffe, sollte ich mir also vielleicht jede meiner Alternativen vornehmen und sie durchdenken, indem ich mich frage: ‹Und was geschieht dann? Und was dann?›»

«Ja. Stell dir in Einzelheiten vor, was geschehen würde, wenn du nach deiner ersten Entscheidung handeln würdest.»

Sie schwieg, und beide saßen still da, während der junge Mann überlegte. ‹Was würde die unmittelbare Folge sein, wenn ich bei meiner ersten Entscheidung bliebe? Und was würde danach geschehen?› Er sah bald ein, daß er nicht zu den gewünschten Ergebnissen kommen würde.

Er wußte, daß er eine bessere Entscheidung treffen mußte.

Dann dachte er gründlich über eine der Alternativen nach, und es schien ihm wahrscheinlicher, daß er damit bessere Ergebnisse erzielen würde.

Ingrid brach das Schweigen: «Ich habe viele Kunden, die empfindliche Rückschläge in ihrem Geschäft erlitten, nur weil sie wichtige Entscheidungen nicht gründlich durchdacht hatten.»

«Kannst du mir ein Beispiel nennen?»

«Selbstverständlich», antwortete Ingrid. «Soll es eine Team-Entscheidung oder die Entscheidung eines einzelnen sein?»

«Am liebsten beides.»

«Gut. Die amerikanische Autoindustrie machte Verluste, als die Benzinpreise nach oben gingen und die Menschen umweltbewußter wurden. Zu viele Manager in leitenden Positionen durchdachten ihre Entscheidungen nicht sorgfältig genug. Ihr einziges Ziel war, Geld zu verdienen, und sie konnten mit großen Autos mehr verdienen. Als dann aber mehr kleine Autos gefragt waren, stellten sie kleine Autos von schlechter Qualität her und nahmen an, daß unzufriedene Kunden dann bald wieder größere Autos kaufen würden. An eins aber hatten sie nicht gedacht.» Ingrid fuhr fort: «Sie hatten sich nicht gefragt: ‹Was wird passieren, wenn wir am Verbraucher vorbeiproduzieren? Was werden die weiteren Folgen sein?› Sie hatten die Konsequenzen ihrer Entscheidungen nicht durchdacht und überließen so anderen Autoherstellern eine Marktlücke. Autokonzerne im Ausland produzierten bald kleine Autos von sehr guter Qualität.

Viele Käufer stiegen auf die Autos der ausländischen Konkurrenz um und kauften nie wieder ein amerikanisches Auto. Die ausländischen Firmen richteten immer mehr Verkaufsstellen ein, feilten an ihrem Image und bauten bald sogar eigene Produktionsanlagen in den USA. Sie nutzten die vorhandene Infrastruktur und nahmen bald eine entscheidende Machtposition ein. Die amerikanischen Autohersteller verloren immer mehr

Marktanteile und mußten viele Arbeitnehmer entlassen. Hätten die Manager die Situation rechtzeitig durchdacht, hätten sie erkannt, daß der Kunde kleine, aber qualitativ hochstehende Autos verlangte. Und sie hätten diesem Wunsch leicht entsprechen können. Ein paar von ihnen sind jetzt klüger geworden, aber der Vorsprung der ausländischen Firmen ist nicht leicht einzuholen.»

Der junge Mann nickte. «Das ist auch ein gutes Beispiel dafür, daß man letzten Endes weniger Zeit braucht, wenn man sich vorher fragt, wie man eine bessere Entscheidung treffen kann, als wenn man hinterher die Folgen einer schlechten Entscheidung korrigieren muß.»

«Ja», sagte Ingrid. «Deshalb ist es auch so wichtig, daß es genug Menschen in einem Unternehmen gibt, die sich solche Fragen stellen, bevor Entscheidungen gefällt werden, die die ganze Organisation betreffen.»

«Vielleicht sollte ich dieses System auch in meiner Firma einführen», dachte der junge Mann, «wenn es wirklich so gut funktioniert, wie sie sagt.»

«Und jetzt ein Beispiel für die Entscheidung eines einzelnen», fuhr Ingrid fort. «Eine leitende Position in unserem Pariser Büro war zu besetzen. Als ich von meiner ersten WANDERUNG vor drei Jahren zurückkehrte, hatten meine Partner sich schon auf eine junge Dame geeinigt, die sie einstellen wollten. Wir gingen mit der Kandidatin zum Mittagessen, und ich hatte Gelegenheit, mich mit ihr zu unterhalten. Ich bekam Zweifel, ob sie wirklich die richtige Person für diese Stellung war.

Später sprach ich mit meinen Partnern und bat sie, sich selbst die zwei Fragen zu stellen, die ich mir seit meiner WANDERUNG immer selbst vor jeder Entscheidung stellte. Sie erkannten, daß sie beinahe einen schwerwiegenden Fehler gemacht hätten. Sie hatten eingesehen, daß sie die Entscheidung nicht richtig durchdacht hatten. Sie hatten selbst Zweifel gehabt, was die Bewerberin anging, aber sie hatten sich das nicht einmal selbst eingestanden. Sie hatten sich etwas vorgemacht. Es kam ihnen nur darauf an, schnell die Position zu besetzen. Als sie sich aber fragten: ‹*Was wäre denn wahrscheinlich die unmittelbare Folge, und was würde danach geschehen?*› wurde ihnen klar, daß sie die junge Frau wahrscheinlich in spätestens sechs Monaten durch eine andere Kraft hätten ersetzen müssen. Wir konzentrierten uns also auf die echten Notwendigkeiten, entwickelten Alternativen, indem wir auch noch mit anderen Kandidaten Vorstellungsgespräche führten, und konnten schließlich eine wirklich gute Kraft einstellen. Seitdem hat unser Pariser Büro zu dem erstaunlichen Wachstum unserer Firma viel beigetragen, und wir mögen kaum darüber nachdenken, was passiert wäre, hätten wir die andere Frau angestellt.

Seit der Zeit haben wir uns immer gegenseitig darauf aufmerksam gemacht, daß wir Entscheidungen vorher gründlich durchdenken wollen, und dieses Vorgehen hat sich wirklich gelohnt. Alle unsere Mitarbeiter verwenden jetzt das ‹Ja›-oder-‹Nein›-System bei geschäftlichen Entscheidungen.»

Der junge Mann nahm sein Notizbuch heraus und schrieb folgendes:

Um eine bessere Entscheidung zu treffen,
frage ich mich: «Was wäre die
unmittelbare Folge?
Und was würde dann geschehen,
und was dann?»
Diese Fragen stelle ich mir so lange,
bis ich sicher bin,
mit meiner Entscheidung
das bestmögliche Ergebnis erzielen
zu können.

Der junge Mann wußte jetzt, daß schon die einfache Frage «Und was dann?» von unschätzbarem Wert sein konnte.

Er blickte vom Lagerfeuer auf und sah, wie sich Regenwolken am Himmel zusammenzogen. Er sah auch, daß die anderen Holz für das Feuer am nächsten Morgen sammelten, damit sie etwas Warmes zum Frühstück bereiten konnten. Sie bedeckten das trockene Holz mit einer Plane, falls es in der Nacht regnen sollte. Er wußte jetzt, daß sie vorausdachten und sich auf die Dinge vorbereiteten, die geschehen könnten. Es war nur eine Kleinigkeit, aber es würde am nächsten Morgen viel ausmachen, wenn sie das Kaffeewasser erhitzen wollten.

Er legte sich selber die Frage vor: «Was könnte ich jetzt im voraus bedenken, um später bessere Ergebnisse zu erhalten?»

Ingrid sagte: «Denke daran, was Hiro immer sagt: ‹Bessere Ergebnisse sind wie Schmetterlinge. Wenn du ihnen nachjagst, kannst du dich so verausgaben, daß sie dir entfliehen.›»

«Aber wie kann ich bessere Ergebnisse erzielen, wenn ich mich nicht aktiv darum bemühe?»

«Konzentriere dich auf die echten Notwendigkeiten, informiere dich über die Alternativen und durchdenke jede Alternative gründlich. Dann werden sich die besseren Ergebnisse leichter einstellen.»

Der junge Mann dachte wieder an seine Entscheidung. Allmählich glaubte er, daß er vielleicht mit dem System wirklich bessere Ergebnisse erzielen konnte. «Wer entscheidet denn, wann ein Ergebnis ein besseres Ergebnis ist?»

«Du selbst», sagte Ingrid. «Als erstes mußt du feststellen, was für dich das Wesentliche ist. Und später mißt du *deine* Ergebnisse daran, wie gut sie das *für dich* Wesentliche erbringen. Deshalb ist es so wichtig, daß du von Anfang an weißt, was wirklich notwendig ist, dann deine Alternativen entwickelst und alles gründlich durchdenkst.»

Dem jungen Mann wurde bewußt, wieviel mehr er jetzt den Kopf benutzte, um seine Entscheidung zu treffen.

Ingrid fragte: «Bist du jemals von einer deiner besseren Entscheidungen enttäuscht worden?»

«Nicht von meinen besseren Entscheidungen.»

«Denke noch einmal darüber nach», sagte Ingrid. «Hast du jemals irgend etwas bereut, was mit einer deiner besseren Entscheidungen zusammenhing?»

«Eigentlich nur, daß ich diese bessere Entscheidung nicht schon viel früher getroffen habe.»

«Genau! Und warum ist das nicht passiert?»

«Wahrscheinlich, weil sie mir nicht eher eingefallen ist.»

«Und warum ist sie dir nicht eher eingefallen?»

«Ich nehme an, ich habe damals nicht lange genug darüber nachgedacht», gab der junge Mann zu.

Ingrid schwieg.

Der junge Mann überlegte. Endlich begriff er. «Deshalb lohnt es sich also, sich Zeit für wichtige Fragen zu nehmen! Durch die Fragen werde ich dazu angeregt, mehr über meine Entscheidung nachzudenken. Sie bringen mich letzten Endes dahin, daß ich schneller eine bessere Entscheidung treffen kann!»

Der junge Mann hatte gefürchtet, daß er zuviel Zeit verlieren würde, wenn er sich Fragen stellen würde, um zu einer Entscheidung zu kommen. Jetzt verstand er erst, was Hiro mit dem richtigen Einsatz von Zeit gemeint hatte. Rechtzeitig Zeit zu investieren würde ihm helfen, schneller eine bessere Entscheidung zu finden, würde also Zeit sparen.

Der junge Mann sah Ingrid fragend an: «Aber warum nehmen wir uns nicht die Zeit, die Dinge gründlich zu durchdenken?»

«Wenn wir unsere Entscheidungen und ihre möglichen Folgen nicht gründlich genug durchgehen, dann vielleicht deshalb, weil wir glauben, es sei nur eine nebensächliche Entscheidung. Das stimmt aber häufig nicht. Unser Leben wird stark von Entscheidungen beeinflußt, die wir anfangs für ziemlich unwichtig halten. Aber die Folgen einer scheinbar nebensächlichen Entscheidung können die nächste Entscheidung oft mehr, als wir glauben, beeinflussen, und wir dürfen das nicht vernachlässigen.

Nachdem du dir über deine Entscheidung Gedanken gemacht und dich gefragt hast: ‹Habe ich wirklich alles gründlich durchdacht?›, solltest du vielleicht eine Nacht darüber schlafen. Am nächsten Morgen kannst du dann alles noch einmal in Ruhe durchgehen.»

Der junge Mann wollte den Rest des Abends allein sein. Er dankte Ingrid und ging zu seinem Zelt.

Während er sich an einem Becher mit heißem Kakao gütlich tat, schrieb er in sein Notizbuch, was er gelernt hatte. Am nächsten Morgen wollte er sich seine Notizen dann noch einmal genau ansehen.

Aber mitten in der Nacht wurde er durch das Klopfen von dicken Regentropfen auf seinem Zeltdach geweckt. Er lag in seinem warmen Schlafsack und mußte wieder an die wichtige Entscheidung denken, die vor ihm lag. Dann holte er seine Taschenlampe heraus und las seine Notizen:

Alles gründlich durchdenken: eine Zusammenfassung

Die Entscheidungen, die ich in der Vergangenheit getroffen habe, sind meine besten Lehrmeister.

Wenn ich sie realistisch betrachte, kann ich durch sie besser als durch irgendeinen Lehrer lernen, wie man Illusionen vermeidet und die Realität erkennt.

Aber ich bin nicht zu streng mit mir selbst, wenn ich mir die Ergebnisse vergangener Entscheidungen anschaue. Ich mache mir selbst Mut. Ich habe schließlich getan, was ich für das Beste hielt.

Jetzt erziele ich bessere Ergebnisse, weil ich mich darauf konzentriere, den echten Notwendigkeiten gerecht zu werden, weil ich mich über Alternativen informiere und alles gründlich durchdenke.

Um zu prüfen, wie gut meine Ergebnisse sind, achte ich darauf, ob sie wirklich den Notwendigkeiten gerecht werden.

Wie müssen die Ergebnisse aussehen, um den echten Notwendigkeiten gerecht zu werden? Wenn ich meiner Entscheidung gemäß handele, was könnten dann die unmittelbaren Folgen sein? Und was würde dann geschehen? Und was dann? Was wäre meiner Meinung nach das schlimmste Ergebnis? Was das beste? Was würde ich im schlimmsten / im besten Fall tun? Wie genau kann ich die Folgen voraussehen, die wahrscheinlich eintreten werden? Folgen für mich? Folgen für andere? Habe ich alles gründlich durchdacht?

Ich benutze meinen Kopf und stelle mir die praktischen Fragen:

Werde ich den Notwendigkeiten gerecht, informiere ich mich über die Alternativen, und durchdenke ich alles gründlich?

JA______ oder NEIN______

Die Brücke überschreiten

Die andere Hälfte

Samstag, beim Frühstück

Es war noch dunkel am Samstag morgen, als der junge Mann mit dem Gruppenleiter beim Frühstück zusammentraf. Das Gewitter war vorbei, aber die Erde war noch feucht. Beide standen also am Feuer, wärmten sich die Hände an ihrem Kaffeebecher und sahen zu, wie das Frühstück über dem offenen Feuer zubereitet wurde.

Der Leiter fragte: «Hat dir die erste Hälfte des ‹Ja›-oder-‹Nein›-Systems denn schon geholfen, eine bessere Entscheidung zu treffen?»

Der junge Mann hatte sich immer wieder gefragt: «*Werde ich den Notwendigkeiten gerecht? Informiere ich mich über Alternativen? Durchdenke ich alles gründlich?*» Jetzt antwortete er langsam: «Ich habe meinen Kopf gebraucht und mir die Fragen des ersten Fragenkomplexes gestellt; das hat mir schon zu einer besseren Entscheidung verholfen. Wozu brauche ich denn die zweite Hälfte des Systems?»

«Um eine noch bessere Entscheidung zu treffen. Die meisten von uns tun nur das eine oder das andere: Wir gebrauchen entweder unseren Kopf, oder wir hören auf unser Herz. Nur selten tun wir beides. Deshalb treffen wir dann auch oft nur halbherzige Entscheidungen, die auf halben Wahrheiten beruhen.

Es wird dir aufgefallen sein, daß wir den Berg bisher nur halb hinaufgestiegen sind. Die zweite Hälfte sowohl des Berges wie auch des Systems kann schwieriger sein, aber dafür lohnender.»

Der junge Mann sagte: «Darüber möchte ich gern mehr erfahren, aber vorher muß ich noch eins wissen.»

«Bevor ich mit der zweiten Hälfte der Wanderung beginne»,

sagte der junge Mann, «möchte ich die Funktionsweise dieses Systems verstehen lernen. Warum hilft es mir, wenn ich mir selber Fragen stelle?»

«Weil wir nur durch Fragen dazu angeregt werden, nach Antworten zu suchen. Häufig treffen wir schlechte Entscheidungen, weil wir uns nicht zunächst ein paar einfache Fragen stellen.»

Dem jungen Mann gefiel das Wort «einfach» nicht. Er war zwar noch sehr jung, aber er war schon mißtrauisch geworden, wenn es um einfache und, wie er meinte, simple Antworten ging. Er war diesen Weg schon gegangen und hatte festgestellt, daß er nicht zum Ziel führte.

Der Leiter schien seine Gedanken lesen zu können. «Du wirst die außerordentliche Macht des Einfachen kennenlernen; aber hüte dich immer vor dem Simplen.»

Der junge Mann mußte zugeben: «Ich bin nicht sicher, daß ich den Unterschied zwischen einfach und simpel so gut kenne.»

«Simpel ist weniger als notwendig. Eine simple Antwort verschafft dir nur die Illusion, etwas zu wissen. Aber einfach ist genau das, was notwendig ist, nicht mehr und nicht weniger. Deshalb sind die besseren Antworten, die schneller zu besseren Ergebnissen führen, unweigerlich einfache Antworten. Und manchmal sind gerade sie sehr schwierig zu finden.

Sobald du aber die einfache Antwort entdeckt hast, ist es ganz offensichtlich, daß das die richtige Antwort ist. Eine bessere Entscheidung hängt häufig davon ab, ob man etwas erkennen kann, was einem im nachhinein ganz naheliegend vorkommt.»

«Kannst du mir ein Beispiel nennen?»

«Gerne», erwiderte der Leiter. «Eine schlechte Investition zum Beispiel. Menschen, die bei einer Investition Geld verloren haben, sagen meist erst hinterher: ‹Wenn ich mir doch mehr Zeit genommen und mehr Fragen gestellt hätte!›»

Der Ältere schwieg einen Augenblick und fragte dann: «Warum stellen wir nach deiner Meinung nicht häufiger Fragen?»

«Wahrscheinlich, weil wir nicht immer wissen, was wir fragen sollen», antwortete der junge Mann. «Oder weil wir gar nicht fragen wollen. Wir wollen die Antworten präsentiert bekommen, ohne vorher fragen zu müssen.»

Der junge Mann dachte an Sokrates, den berühmten griechischen Philosophen, der seinen Schülern zu Erkenntnissen verhalf, indem er ihnen Fragen stellte. Diese Methode war also viele Jahrhunderte alt.

Der Leiter fuhr fort: «Fragen sind wie Weckuhren. Sie erregen unsere Aufmerksamkeit.»

«Auf was machen sie uns aufmerksam?» fragte der junge Mann.

«Sie machen uns auf das aufmerksam, was wirklich *in uns* und *um uns herum* geschieht. Jede effektive Entscheidung ist immer in der Wirklichkeit verankert. Leider treffen wir immer wieder effektive und weniger effektive Entscheidungen.»

«Was ist denn nun wirklich der Unterschied zwischen einer effektiven und einer nicht effektiven Entscheidung?» fragte der junge Mann.

«Unsere nicht effektiven Entscheidungen beruhen auf *Fiktionen*, auf *Illusionen*, die wir zur Zeit der Entscheidung gehabt haben. Unsere effektiven Entscheidungen beruhen auf der *Wirklichkeit*, die wir als solche erkennen. Deshalb ist es auch so wichtig, daß wir uns immer wieder Fragen stellen, damit wir den Schein von der Wirklichkeit unterscheiden lernen. Fragen machen die Illusion als solche erkennbar.»

«Was nennst du denn Illusion?»

«Illusion ist etwas, an das wir glauben, weil wir es wollen, selbst wenn es sich als falsch herausstellt. Wenn eine Entscheidung auf einer Fiktion basiert, dann ist das Ergebnis mit einem schönen Haus zu vergleichen, das man auf losem Sand baut. Es ist nur eine Frage der Zeit, bis das Haus zusammenbricht. Der Mensch hat vielleicht ein sehr ungutes Gefühl dabei, obgleich er dieses Gefühl immer wieder in den hintersten Winkel seines Bewußtseins verbannt. Wenn man mit einer Illusion lebt, dann lebt man wie mit einem dumpfen Dauerschmerz. Wir wissen zwar, daß irgend etwas nicht ganz stimmt, aber wir wollen nicht wissen, was es ist. Also verdrängen wir es und hoffen, daß es von allein vorbeigeht. Aber das tut's nicht!

Mit einer Illusion, mit Fiktionen zu leben ist wie chronischer Kopfschmerz, der uns früher stärker gestört hat, mit dem wir uns aber schließlich abgefunden haben. Wir akzeptieren den dumpfen Schmerz als erträglich. Aber er zehrt an uns, ob wir uns dessen nun bewußt sind oder nicht.»

Dem jungen Mann kam dieses Gefühl bekannt vor. «Was verursacht denn diesen Schmerz?»

«Deine eigenen Empfindungen, die du nicht kennst», sagte der Leiter. «Vielleicht möchtest du sehen, wohin uns die zweite Hälfte unserer WANDERUNG führt?» Er wandte sich ab, und die beiden Männer gingen eine halbe Meile lang schweigend nebeneinander her. Sie überquerten eine Schlucht auf einer knarrenden, schwingenden Holzbrücke.

Nach zweihundert Metern kamen sie an einen flachen See. Der Ältere sagte: «Schau in den See, und sage mir, was du siehst.»

Der junge Mann lehnte sich ein wenig vor und sah beim ersten Morgenlicht in das ruhige Wasser. «Ich kann Steine auf dem Grund erkennen.»

«Verändere einmal die Entfernungseinstellung deiner Augen. Was siehst du jetzt?»

«Ich sehe mich selbst», antwortete der junge Mann. «Oder zumindest mein Spiegelbild.»

«Ja, und jetzt kannst du den wichtigen Teil sehen, der deiner Entscheidung fehlt, das bist du selbst als ganzer Mensch. Wie jeder von uns triffst du deine Entscheidung mit dem, was deinen Charakter ausmacht, mit dem, was in deinem Herzen ist, was du fühlst, ob du dir dessen bewußt bist oder nicht. Wenn du durchweg bessere Entscheidungen treffen möchtest, dann mußt du lernen, die Brücke immer wieder in beiden Richtungen zu überqueren, die Verbindung zwischen den beiden Hälften deines Selbst zu halten, der denkenden Hälfte deines Kopfes und der fühlenden Hälfte deines Herzens. Die Brücke besteht nur in dem Bewußtsein, daß du diese beiden Hälften deines Selbst verbinden mußt.

Und dazu wirst du sehr bald fähig sein. Du brauchst dir nur selbst die persönlichen Fragen zu stellen, von denen du bald etwas erfahren wirst. Wenn du dann in das Innerste deines Herzens geschaut hast, stellst du dir wieder die praktischen Fragen. Und dann wirst du wahrscheinlich eine sehr viel bessere Entscheidung treffen können.»

Der Leiter schwieg einen Augenblick und fuhr dann fort: «Häufiger, als wir wissen, führt der Pfad, der schneller bessere Ergebnisse bringt, um das Hindernis herum, das uns im Weg liegt. Und dieses Hindernis ist meistens unser Selbst.»

«Wie können wir denn dieses Hindernis umgehen?» wollte der junge Mann wissen.

«Mit unserem Charakter.»

«Was meinst du mit ‹unserem Charakter›?» fragte der junge Mann wieder.

«Unser Charakter setzt sich zusammen aus unseren Einstellungen, unseren Überzeugungen und unseren dementsprechenden Handlungen. Wie wir entscheiden, hängt zum größten Teil von unseren Einstellungen und Überzeugungen ab, die wiederum oft auf Entscheidungen beruhen, die wir vor langer Zeit getroffen und die wir jetzt vergessen haben. Und doch üben sie noch einen wichtigen Einfluß auf unser Unterbewußtsein und damit auf unsere jetzigen Entscheidungen aus.»

Der junge Mann blickte zu Boden, und der Ältere merkte, daß der andere sich unbehaglich fühlte. «Einstellungen und Überzeugungen sind eine ganz persönliche Sache, und du willst vielleicht andere nicht daran teilhaben lassen. Aber für dich selbst ist es wichtig, daß du sie dir noch einmal ganz bewußt machst.»

«Was haben meine persönlichen Einstellungen und Überzeugungen denn mit meinen Entscheidungen zu tun?»

«Du wirst nur die Einstellungen und Überzeugungen berücksichtigen, die nach deiner Meinung für dich besonders wichtig sind. Und das kann deine Entscheidung stark beeinflussen. Alle deine Entscheidungen, ob beruflich oder privat, offenbaren auch deine persönlichen Gedanken, Gefühle und Einstellungen und machen sie so für jeden sichtbar. Du kannst die Einstellungen und Überzeugungen eines anderen an den Entscheidungen ablesen, die er trifft. Ebenso kann ein aufmerksamer Mensch deine Einstellungen erkennen, wenn er sich das Muster deiner bisherigen Entscheidungen ansieht.»

Dem jungen Mann gefiel die Vorstellung nicht, daß andere seine Einstellungen und Überzeugungen so leicht erkennen konnten, aber er ahnte allmählich, daß das wohl der Wahrheit entsprach.

Er nahm sein Notizbuch hervor und schrieb:

Meine Entscheidungen offenbaren meine Einstellungen und Überzeugungen.

Der Leiter sagte: «Du erinnerst dich sicher, daß wir von zwei Teilen des Fragensystems gesprochen haben. Du hast dir bisher die praktischen ‹Kopf-Fragen›, *deine äußere Situation* betreffend, gestellt. Jetzt möchtest du dich vielleicht mit dem persönlichen Teil des Fragensystems, den ‹Herz-Fragen›, beschäftigen, bei denen es um *dich selbst*, um den inneren Zustand desjenigen geht, der die Entscheidung treffen muß.»

«Um mich selbst?»

«Ja. Diese Fragen haben mit deinen persönlichen Einstellungen und Überzeugungen zu tun: erstens mit deiner Integrität, zweitens mit deiner Intuition und drittens mit deinem Selbstwertgefühl.»

«Warum müssen wir uns denn gerade mit mir beschäftigen?» fragte der junge Mann etwas abwehrend.

«Nicht wir werden uns mit dir, sondern du selbst wirst dich mit dir beschäftigen. Die meisten von uns tun das nicht sehr gern. Aber keine Angst, du wirst feststellen, daß es dir wirklich viel nützen wird.»

«Warum?» fragte der junge Mann wieder.

«Du triffst bessere Entscheidungen, je besser du deinen eigenen Charakter kennst.»

Der junge Mann dachte darüber nach und sagte: «Dann mache ich mir mit den praktischen Fragen meine Situation bewußt, und durch die persönlichen Fragen verschaffe ich mir Klarheit über meinen Charakter.»

«Hoffentlich», sagte der Ältere mit einem Lächeln. «Wenn du dann deine Einstellungen und Überzeugungen, also das, was deinen Charakter ausmacht, bewußt in die Situation einbringst, kannst du eine bessere Entscheidung treffen. Aber jetzt laß uns zu den anderen gehen und unsere Unterhaltung beim Frühstück weiterführen.»

Sie kehrten zum Lagerfeuer zurück, um die Kühle des frühen Morgens mit heißem Kaffee und warmem Brot zu vertreiben.

Die anderen hatten sie kommen sehen und fragten, ob sie an der Diskussion teilnehmen könnten. Auf ihre Frage hin sagte der junge Mann, daß ihm gerade jetzt erst langsam aufgehe, wie wichtig es für ihn sei, seine eigenen Einstellungen und Überzeugungen zu kennen.

Hiro sagte: «Als wir gestern im Dunkeln unseren Weg finden mußten, fiel mir ein: Wie eine Lampe, die uns unseren Weg erhellt, führen unsere Einstellungen und Überzeugungen uns zu unseren Entscheidungen. Nur sind wir uns meistens nicht bewußt, welche Einstellungen und Überzeugungen wir haben.»

Der junge Mann sagte: «Manchmal habe ich den Eindruck, daß ich beinahe alle meine Entscheidungen im Dunkeln treffe.»

Die Gruppe lachte mit ihm, und der Leiter sagte: «Mir fällt auf, daß du über deine eigenen Schwächen lachen kannst. Das ist gut. Wenn wir uns selbst nicht allzu ernst nehmen, wenn eine Entscheidung vor uns liegt, werden wir schneller bessere Entscheidungen treffen können. Von wem stammt noch der Spruch: ‹Wer am unbeschwertesten reist, kommt am weitesten›?»

«Wahrscheinlich von irgendeinem alten Weisen aus dem Fernen Osten», sagte der junge Mann. Hiro lachte.

Auch Ingrid lächelte. «Zweifellos. Wie die meisten Weisheiten ist auch das, was wir jetzt lernen, nicht neu. Andere haben es schon vor Tausenden von Jahren entdeckt. Und selbst für uns ist es nicht immer eigentlich neu. Wir haben nur vergessen, das anzuwenden, von dem wir schon wußten, daß es funktioniert. Um ganz ehrlich zu sein, wir haben uns doch nur wieder zu dieser WANDERUNG eingefunden, um uns zu erinnern.»

Frank fragte den jungen Mann: «Glaubst du immer noch, daß das hier eine Sache für Anfänger ist? Du hast mir doch vor kurzer Zeit erzählt, daß du eines Tages gern der Boß eines Unternehmens wärst, vielleicht sogar der Firma, für die du jetzt arbeitest. Wenn das der Fall ist, dann vergiß eines nicht, wenn der Vorstandsvorsitzende eines Unternehmens einen Direktor vorschlagen will, dann sucht er nicht in erster Linie nach einem ehrgeizigen, cleveren Mann, der das Produkt gut kennt. Er achtet vor allen Dingen darauf, daß der Kandidat das hat, was einen wertvollen Menschen ausmacht.»

«Und was ist das?»

«Er fragt sich: ‹Hat dieser Mensch die persönlichen Qualitäten, die die Stellung verlangt?›»

«Warum kommt es so sehr auf die Persönlichkeit an?»

Frank, selbst im Vorstand eines größeren Unternehmens, antwortete geduldig: «Weil es meistens darauf hinausläuft, daß ein solcher Mensch die besseren Entscheidungen trifft, besonders wenn er Integrität, Intuition und ein gutes Selbstwertgefühl besitzt.»

«Warum gerade diese drei Eigenschaften?»

«*Integre* Menschen machen sich nicht selbst etwas vor, wenn es um eine bestimmte Situation geht. Sie werden das unwichtige Drum und Dran durchschauen und schnell zum Kern der Sache vordringen.

Wenn Menschen gelernt haben, ihrer *Intuition* zu vertrauen, dann erwarten sie nicht, daß andere die schwierigen Entscheidungen für sie fällen. Sie können sich auf sich selbst verlassen, und der Vorstand kann sich auf sie verlassen.

Wenn einem Menschen aber das Gefühl für die eigenen Fähigkeiten, also ein gutes *Selbstwertgefühl,* fehlt, so daß er zum Beispiel unabsichtlich seine eigenen Ergebnisse sabotieren kann, dann wird das Unternehmen letztes Endes dafür bezahlen.

Wenn man fachlich gute Leute mit diesen Charaktereigenschaften findet, dann versucht man, sie für das Unternehmen zu gewinnen, und bezahlt sie gut, denn sie werden ihr Geld wert sein.»

Der junge Mann lächelte und sagte: «Ich glaube, ich möchte jetzt mehr von den persönlichen Fragen hören.»

Die Gruppe lachte. Frank erklärte ohne Umschweife: «Der persönliche Teil des Fragensystems lautet: ‹*Zeigt meine Entscheidung, daß ich ehrlich mit mir selbst bin, daß ich meiner Intuition vertraue? Entspricht sie einem guten Selbstwertgefühl?*›»

Der junge Mann blickte ihn überrascht an. Dann dachte er an all das, was er gehört hatte, und stellte fest, daß er über ziemlich viele Dinge nachzudenken hatte.

Der Leiter lächelte und sagte: «Und jetzt wollen wir alle zusammen unser Lager abbrechen und uns auf den Weg zum Gipfel machen.»

Das Herz befragen

Integrität

Samstag morgen

Später, als die Gruppe eine Rast machte, erblickte der junge Mann Angela Cuvero, ein sympathisches junges Mädchen aus Brasilien, das sich am Ufer eines Baches ausruhte. Neben ihr saß Santo Cuvero, ihr Vater, ein einflußreicher Industrieller.

Der junge Mann grüßte und setzte sich neben Vater und Tochter. «Angela, mir ist aufgefallen, daß etliche aus der Gruppe gerade dir während unserer WANDERUNG viele Fragen gestellt haben. Warum?»

Sie lachte. «Wahrscheinlich, weil ich letztes Jahr, als ich meine erste WANDERUNG mitmachte, verschiedene Probleme hatte. Und nun wollen sie wissen, ob ich mit Hilfe des PLANS in diesem Jahr bessere Entscheidungen habe treffen können und ob das mir geholfen hat.»

«Und ...?»

Sie lächelte. «Ja, habe ich und hat es. Ich habe den PLAN sehr häufig angewandt, und das hat mir wirklich geholfen.»

«Was hattest du denn für Schwierigkeiten?»

«Ich hatte Probleme», antwortete Angela, «aber was für welche, ist jetzt nebensächlich.» Sie hatte es nicht mehr nötig, sich mit ihren Problemen wichtig zu machen. Jetzt kam es ihr in erster Linie darauf an, Antworten zu finden.

Er nickte. «Ich weiß, was du mit Problemen meinst. Ich habe noch niemandem etwas davon gesagt, aber ich habe Schwierigkeiten im Beruf und im Privatleben. Offensichtlich kann ich daran nicht viel ändern.»

«Das glaubst du ja wohl selber nicht!» sagte Angela nachdrücklich.

Der junge Mann blickte erstaunt auf. Er wußte nicht, was er darauf erwidern sollte.

Sie lachte. «Seit beinahe einem Jahr habe ich auf die Gelegenheit gewartet, das jemandem zu sagen. Das hat man mir nämlich auch im letzten Jahr gesagt.»

«Aber du irrst dich, ich kann wirklich nichts daran ändern.» Der junge Mann war etwas gekränkt.

Aber Angela gab nicht nach. «Wirklich nicht? Versuchst du nicht doch, jemandem etwas vorzumachen?»

Der junge Mann wußte, worauf Angela hinauswollte. Sie meinte, daß er sich selbst etwas vormachte, und dieser Gedanke war ihm unangenehm. «Woher willst du das denn wissen?»

«Weil ich selbst so war», antwortete Angela. «Ich habe gelernt, daß die meisten von uns Probleme haben, weil wir uns selbst etwas vormachen.»

«Im letzten Jahr?»

«Ja. Die anderen Teilnehmer an der WANDERUNG sprachen immer von ‹Wahrheit, Realität, Integrität und Ehrlichkeit›. Ich fand das sehr verwirrend. Aber letzten Endes halfen sie mir dabei, selbst herauszufinden, was das bedeutet.»

«Das ist gut», sagte der junge Mann, «ich würde selbst gerne herauskriegen, was all diese Begriffe für eine praktische Bedeutung haben.»

«Also, die Anwendung dessen, was ich gelernt habe, ist einfach und macht es mir möglich, das Gelernte ständig in meinem täglichen Leben einzusetzen. ‹Realität› ist, was wirklich ist. ‹Wahrheit› ist die Beschreibung der Realität, meiner und anderer Menschen Realität. ‹Integrität› bedeutet, daß ich mir selbst die Wahrheit sage. Und ‹Ehrlichkeit› heißt, anderen Menschen die Wahrheit zu sagen.

All das spielt eine Rolle, wenn ich betrachte, was ich wirklich denke und tue. Und dann überlege ich, was wirklich mit mir geschieht. Ich erkenne die verschiedenen Möglichkeiten, die ich habe, und deren echte Konsequenzen. Auf diese Weise brauchte ich mir selbst nicht mehr soviel vorzumachen und konnte auch zu anderen ehrlicher sein. Und es dauerte nicht lange, bis alles sich für mich zum Besseren wendete.»

Dann lachte Angela. «Es ist erstaunlich, wieviel einfacher plötzlich alles geworden ist. Das muß wohl Zufall sein.»

Der junge Mann lachte auch. «Also, wie hast du es denn nun im letzten Jahr gelernt, ehrlich zu dir selbst zu sein?»

«Ich wurde von den anderen dazu aufgefordert, mir immer wieder die persönlichen Fragen des PLANS zu stellen: ‹Zeigt meine Entscheidung, daß ich ehrlich mit mir bin, daß ich meiner Intuition vertraue, entspricht sie einem guten Selbstwertgefühl?› Selbst als ich glaubte, daß all das mir nicht helfen würde, ermutigten sie mich, mir einfach immer wieder diese Fragen zu stellen, sie mir ständig zu wiederholen.»

Der junge Mann dachte über das nach, was sie gesagt hatte.

Angela fuhr fort: «Um mir zu zeigen, wie häufig Menschen sich selbst belügen, erzählten mir mehrere aus der Gruppe, daß auch sie beinahe zu spät gemerkt hätten, wie häufig sie sich etwas vormachten.»

«Hat dich das überrascht?»

«Ja, schon. Wenn ich Probleme hatte, dann hörte ich immer wieder von Erwachsenen, daß ich mir doch nichts vormachen sollte. Also nahm ich an, daß sie selber meistens sich selbst gegenüber aufrichtig seien.»

«Vielleicht wollten sie, daß du aus ihren Fehlern lernst», sagte der junge Mann.

«Möglich. Anscheinend haben viele von uns Angst vor der Wahrheit. Wir glauben, daß wir irgendwie sicherer sind oder daß wir uns zumindest wohler fühlen, wenn wir die Wahrheit umgehen.»

«Aber das ist ein Irrtum, oder?»

«Ja», sagte sie, «wenn wir der Wahrheit nicht ins Auge sehen, dann haben wir eigentlich mehr Angst.» Sie sah den jungen Mann ernst an. «Aus irgendeinem Grund scheinst du Angst vor der Wahrheit zu haben.»

«Woher willst du das denn wissen?»

Angela lachte. «Weil ich auch einmal so war wie du. Ich

wurde wütend, wenn jemand versuchte, mir die Wahrheit zu sagen, und ich sie nicht hören wollte. Besonders wenn es sich um meine Eltern handelte. Dann fühlte ich mich in die Enge getrieben und griff sie an. Ich habe jetzt gelernt, daß meine Wut nur ein Zeichen für meine Angst ist. Ich wußte nicht, daß Integrität, also ehrlich mit mir selbst zu sein, wirklich gut für mich ist. Ich glaubte, daß ich nur dazu gezwungen werden sollte.»

Der junge Mann nickte. «Und wir wollen nicht das tun, was von uns verlangt wird. Wir wollen das tun, was wir selbst wollen.»

«Das stimmt», sagte Angela. «Dann begann ich über das, was ich unbedingt tun wollte, nachzudenken, und ich fragte mich: Wäre es mir wirklich recht, wenn meine Freunde und meine Familie das in der Zeitung lesen würden?»

Die anderen hatten schweigend zugehört und fragten jetzt, ob sie an der Unterhaltung teilnehmen dürften. Angela und der junge Mann nickten eifrig.

«Ich vermute, ich bin nicht immer so ehrlich mit meinen Kollegen, wie ich glauben möchte», sagte der junge Mann. «Und eigentlich auch nicht mit meiner Familie.»

Ingrid sagte: «Ich habe die Erfahrung gemacht, daß es leichter ist, anderen die Wahrheit zu sagen, wenn ich erst einmal ehrlich mit mir selbst bin.»

«Aber wie findest du heraus, was wirklich die Wahrheit ist?» fragte der junge Mann sie.

«Am schnellsten kann ich das herausfinden, wenn ich mir klarmache, welche Fiktionen ich für Realität halte, was ich also für die Wahrheit halten möchte, weil es so viel bequemer ist. Manchmal sind die Fiktionen viel auffallender und deshalb einfacher zu erkennen als die Wahrheit. Wenn das der Fall ist, suche ich nach dem Gegenteil und finde die Wahrheit.»

Angela nickte und sagte: «So mache ich es auch. Es ist ein bißchen wie in der Reklame für Motoröl: Ein Automechaniker hat eine Dose Öl in der Hand und sagt: ‹Sie können mir jetzt wenig bezahlen.› In der nächsten Szene baut der Mechaniker den Motor des Wagens aus und sagt: ‹Oder Sie können mir später viel bezahlen.›»

Der junge Mann blickte sie an. «In deinem Beispiel besteht die Fiktion darin, daß man das Geld für das Öl sparen kann und das Auto trotzdem weiterläuft. Die Wahrheit ist aber, daß der Motor ohne Öl schließlich heißlaufen und kaputtgehen wird.»

Er machte eine kurze Pause und fuhr dann fort: «Die Wahrheit ist also das Gegenteil der Fiktion. Wenn ich möchte, daß der Motor gut läuft, muß ich Öl nachfüllen, ob ich will oder nicht.»

«Ja», warf Frank ein. «Und es kommt nicht darauf an, ob du glaubst, daß du Öl nachgießen mußt oder nicht. Realität ist immer Realität, auch wenn du noch so fest an deinen falschen Vorstellungen hängst.»

Und Hiro fügte hinzu: «Vor langer Zeit haben die Menschen geglaubt, daß die Erde eine Scheibe sei. Aber die Erde war, ist und bleibt eine Kugel, gleichgültig, was die Menschen damals gedacht haben. Nur weil sie glaubten, daß sie eine Scheibe sei, wurde die Erde noch lange nicht zu einer Scheibe.»

Der junge Mann sagte: «Wenn wir also Fiktionen für die Wahrheit halten, dann werden sie dadurch noch lange nicht wahr. Und wenn wir uns selbst etwas vormachen, kann das alles nur noch verschlimmern. Die Grundlage für meine besseren Entscheidungen muß also sein, daß ich die Wahrheit erkenne und mit mir selbst ehrlich bin.»

Alle lächelten, und manche applaudierten sogar. Angela sah ihn aufmunternd an.

Der junge Mann war erst verlegen, dann aber lächelte er und fuhr fort: «Der Leiter hat gesagt, daß unsere schlechten Entscheidungen auf Illusionen beruhen. Und ich muß zugeben, daß ich manchmal im nachhinein erkennen kann, in welcher Beziehung ich mir bei einer schlechten Entscheidung etwas vorgemacht hatte. Aber wie kann ich das rechtzeitig feststellen?»

Ingrid antwortete: «Meinst du, daß Menschen, die dir nahestehen, deine Fiktionen als solche durchschauen können?»

«Ich glaube, daß andere im allgemeinen unsere Fehler eher bemerken als wir selbst», sagte der junge Mann.

Ingrid nickte. «Und oft fallen dir die der anderen eher auf. Wenn du also für deine eigenen Fiktionen blind bist, wer kann dir dabei helfen, sie als solche zu erkennen?»

«Die Menschen, denen ich etwas bedeute?»

«Ja», sagte Angela. «Als ich letztes Jahr wieder nach Hause kam und meine Freunde fragte, was ich wohl ihrer Meinung nach falsch machte, da sagten mir eigentlich alle, wenn auch auf verschiedene Weise, das gleiche. Als mir bewußt wurde, was sie schon länger bemerkt hatten, konnte ich einiges verändern.»

Der junge Mann hätte gern gewußt, was die Freunde gesehen hatten, aber Frank fragte ihn: «Welcher Teil von dir klammert sich denn an Illusionen?»

«Mein Ego?»

Keiner sagte etwas.

Der junge Mann mußte lächeln. Er durchschaute allmählich, nach welcher Methode die Gruppe vorging. Wenn sie nichts sagten, wollten sie ihm Gelegenheit geben, selbst die Antwort zu finden.

Er sagte jetzt überzeugter: «Mein Ego klammert sich an Illusionen.»

«Gut», sagte Frank. «Wenn du weißt, daß dein Ego an den Fiktionen festhält, wie kannst du dann bessere, das heißt realistischere Entscheidungen treffen?»

«Ich könnte mein Ego für eine Weile ignorieren und andere fragen, was sie meinen.»

«Und woher wüßtest du, daß das, was anderen auffällt, auch für dich die Wahrheit ist?»

Der junge Mann überlegte. «Erst würde ich genau zuhören, was die anderen zu sagen hätten. Dann würde ich überlegen, ob das, was sie sagen, auch mit meinen Erfahrungen übereinstimmt. Und anschließend darüber nachdenken, ob ihre Erkenntnisse mir dabei helfen könnten, selbst die Wahrheit zu finden.»

«Wenn du das tust, dann wirst du erfolgreich sein.» Frank lächelte.

«Könnt ihr mir ein Beispiel dafür geben, wie man diese Taktik im Berufsleben anwendet?» fragte der junge Mann.

Ingrid nickte. «Möchtest du ein Beispiel aus Europa oder aus den Vereinigten Staaten?»

«Lieber ein Beispiel aus Amerika.»

«Gut. Eine ehemals sehr innovative Elektronikfirma stellte Kopiergeräte her. Und jahrelang glaubte sie, daß ihre Geräte immer noch die besten seien, nur weil sie es früher mal gewesen waren. Aber mittlerweile verlor sie immer mehr Marktanteile. Schließlich verlangte der Chef des Unternehmens, daß die Ingenieure vergleichende Testreihen mit anderen Geräten durchführten, und es stellte sich heraus, daß die Konkurrenz Kopierer herstellte, die nicht nur von besserer Qualität waren, sondern auch billiger.»

«Was tat denn die amerikanische Firma daraufhin?» fragte der junge Mann.

«Sobald sie die Wahrheit erkannt hatte, führte sie Veränderungen an ihren Geräten durch, um die Kunden in bezug auf die Qualität zufriedenzustellen.»

«Ja, ich erinnere mich», sagte der junge Mann. «Später gewann dieses Unternehmen sogar den Baldridge-Award für höchste Qualitätsprodukte.»

«Ja, das stimmt», sagte Ingrid. «Und was rein ökonomisch noch sehr viel wichtiger war, sie verkauften mehr und gewannen wieder einen größeren Marktanteil. Das Unternehmen gesundete wirtschaftlich, und die Mitarbeiter fühlten sich in ihren Jobs viel sicherer als früher.

Wie sie müssen auch wir darauf hinarbeiten, die Wahrheit zu finden. Erkennen wir die Wahrheit, dann wissen wir auch, wie unsere Entscheidung auszusehen hat. Es wird dann ganz offensichtlich.»

«Je klarer wir die Realitäten einschätzen können, desto leichter können wir bessere Entscheidungen treffen», fügte Frank hinzu.

«Könntet ihr mir auch ein Beispiel geben, das nichts mit der Wirtschaft zu tun hat?» fragte der junge Mann.

Diesmal antwortete Angelas Vater, Santo Cuvero. «Gern. Aber als Amerikaner hörst du dieses Beispiel vielleicht genauso ungern wie viele andere, die damals fest an diese Illusion glaubten.

In den achtziger Jahren waren viele Amerikaner optimistisch, was ihr Land, sie selbst und die Wirtschaftslage anging. Das war gerade zu einer Zeit, als der Staat sich immer stärker verschuldete, als viele wichtige Vermögenswerte verkauft wurden, damit dieses Gefühl, daß es einem gutging, erhalten bleiben konnte. Es war beinahe so, als zünde man sein eigenes Haus an, um sich zu wärmen.

Bevor der einzelne Bürger aber merkte, was da geschah, war schon ein großer Teil der Wirtschaftsunternehmen und des privaten Besitzes in die Hände von ausländischen Käufern gelangt. Was einst dem Land und seinen Bürgern gehört hatte, war jetzt mehr und mehr in den Besitz von Ausländern übergegangen.»

Der junge Mann fragte: «Aber wie konnten die Menschen sich gut fühlen, wenn es ihnen doch eigentlich immer schlechter ging?»

«Nach der Rezession taten die Politiker alles, damit das Volk wieder optimistischer in die Zukunft sah», antwortete Santo. «Sie sprachen von dem Reichtum der Nation, und die Menschen wollten an diese Illusion glauben. Also glaubten sie daran.

Die wirtschaftliche Realität sah allerdings so aus, daß Amerika vom größten Gläubiger zum größten Schuldner der Welt wurde. Und erstaunlicherweise geschah das alles in weniger als einem Jahrzehnt.

So etwas passierte aber nicht nur in den Vereinigten Staaten. Die Bürger anderer Nationen fielen auf ähnliche Fiktionen herein. Die führende Schicht in der früheren Sowjetunion glaubte, daß man es sich leisten konnte, Riesensummen für hochentwickelte Technologien auszugeben, statt genug Nahrung für die Bevölkerung bereitzustellen. Und jetzt hat es sich herausgestellt, daß ihre Wirtschaft, ja eigentlich ihr gesamtes soziales

Gefüge unter der Last dieser teuren Illusion zusammengebrochen ist.

Ob wir es so sehen oder nicht, das Festhalten an einer Illusion macht die Lage letzten Endes nur schwieriger. Die Menschen der Vereinigten Staaten und der früheren Sowjetunion werden aus dieser Situation vielleicht wieder herauskommen, genauso wie du und ich wahrscheinlich bestimmte Phasen in unserem persönlichen Leben, in denen wir einer Illusion angehangen haben, überstehen können. Aber sie werden einen hohen Preis dafür zahlen müssen.»

Der junge Mann sprach jetzt von den Schwierigkeiten, die die Banken in Amerika in den späten achtziger und frühen neunziger Jahren hatten. «Ich habe irgendwo gelesen, daß es nur einen Bruchteil gekostet hätte, wenn man die Probleme gleich von Anfang an versucht hätte zu lösen. Nachdem man sich jetzt zehn Jahre lang etwas vorgemacht hat, wird es den Steuerzahler zehnmal soviel kosten. Warum haben die Verantwortlichen denn ihre Entscheidungen so lange herausgezögert?»

Einer der Wanderer sagte: «Die Verantwortlichen? Vielleicht wollen wir das nicht so gern hören, aber letzten Endes sind wir alle die Verantwortlichen. Wir wählten diese Illusion, wir wollten, daß dieses von Termiten zerfressene Haus einfach nur übergepinselt anstatt renoviert wird. Unsere gewählten Vertreter spiegeln nur unsere Erwartungen wider.

Wir alle sind die Öffentlichkeit, und unsere gewählten Abgeordneten repräsentieren uns. Jeder einzelne von uns muß lernen, bessere Entscheidungen schneller zu treffen, oder wir werden alle gemeinsam einen hohen Preis zahlen müssen. Wir können uns nicht auf die sogenannten ‹Verantwortlichen› berufen.»

«Und wir müssen uns beeilen», sagte Frank. «*Wann* wir uns entscheiden, ist ebenso wichtig wie das *Wie*. Heutzutage müssen wir alle schneller zu besseren Entscheidungen finden.»

Hiro nickte. «Wenn wir zum Beispiel mit unserem Leiter bei unserer WANDERUNG an eine Brücke aus Eis kommen, dann wird er uns sofort klarmachen, daß wir schnell handeln müssen.

Denn wenn wir warten, könnte die Sonne das Eis zum Schmelzen bringen, die Brücke würde brüchig werden und unser Überqueren gefährden. Wir dürfen nicht warten, bis die Situation schlimmer geworden ist. Die Realität ist, daß die Sonne das Eis zum Schmelzen bringt, gleichgültig, ob wir diese Wahrheit erkennen oder nicht. Die Realität hängt nicht von unserer Vorstellung ab. Wir müssen herausfinden, wo sich in unserer Situation das ‹schmelzende Eis› befindet, und schnell handeln.»

Jemand lachte, aber Frank fuhr fort: «Wenn wir mit einer Illusion leben, kommen wir anderen wie der Vogel Strauß vor, der den Kopf in den Sand steckt. Wir glauben, daß die Realität nicht da ist, wenn wir nur die Augen zumachen und sie nicht sehen. Aber auch, wenn wir die Sonne über uns ignorieren, schmilzt die einst feste Eisbrücke unter uns.»

Angela Cuvero sagte: «Bei der WANDERUNG im letzten Jahr wies mich einer aus der Gruppe auf etwas hin, und seit der Zeit habe ich das, worüber wir gerade gesprochen haben, viel besser verstanden. Ich habe es aufgeschrieben, um es nie zu vergessen.»

Angela nahm einen Zettel aus ihrer Brieftasche und reichte ihn dem jungen Mann. Auf dem Papier stand:

Je eher ich die Wahrheit erkenne,
desto schneller kann ich eine bessere
Entscheidung treffen.

Der junge Mann gab Angela das Papier wieder zurück und machte sich eine Notiz in seinem Tagebuch. Ihm war klargeworden, daß er mit Hilfe der ‹Ja›-oder-‹Nein›-Fragen die Wahrheit finden sollte.

Einer der Wanderer sagte: «Wir müssen uns fragen: ‹Wollen wir die Wahrheit suchen, oder wollen wir uns vor ihr verstekken?›»

Frank nickte. «Seien wir einmal ganz ehrlich. Ob es uns paßt oder nicht, ob wir damit einverstanden sind oder nicht, die Grundlage aller unserer besseren Entscheidungen sind die auf Wahrheit beruhenden Schritte, die wir unternehmen. Alles andere wird letzten Endes ohne Erfolg bleiben.»

Der junge Mann sagte: «Ich muß da an einen wichtigen Gedanken aus einem Buch von Buckminster Fuller denken: ‹Integrität ist das Wesentliche jedes Erfolges.›»

Und während er das sagte, wurde ihm klar, daß er anwenden sollte, was er gelesen hatte. Er mußte mehr als bisher die Wahrheit suchen und dann seine Entscheidungen darauf aufbauen.

Die Unterhaltung war beendet, und der junge Mann überlegte, welche Fragen er sich selbst stellen konnte, um der Wahrheit näher zu kommen.

Den Rest des Samstagvormittags wanderte er zusammen mit der Gruppe. Er freute sich an der Landschaft und dachte gleichzeitig an das, woran er sich erinnern wollte. Später ging er noch einmal alles durch, was er über seine eigene Integrität gelernt hatte, und faßte es folgendermaßen in seinem Tagebuch zusammen:

Integrität:
eine Zusammenfassung

Meine schlechten Entscheidungen beruhten auf Illusionen, auf Fiktionen, an die ich vormals geglaubt habe. Meine besseren Entscheidungen beruhen auf Realitäten, die ich rechtzeitig erkenne.

Je eher ich mir der Wahrheit bewußt werde, desto schneller treffe ich eine bessere Entscheidung. Um die Wahrheit zu finden, muß ich nach ihr suchen.

Eine bessere Entscheidung basiert auf einer einfachen Antwort, die sich letzten Endes als naheliegend herausstellt.

Um die Wahrheit zu finden, suche ich nach der Fiktion, die ich für die Wahrheit halten möchte, auf die ich mich aber nicht wirklich verlassen kann.

Wir können die Fehler anderer leichter erkennen. Deshalb ignoriere ich mein Ego häufig und frage lieber andere, wie sie die Sache sehen. Danach achte ich darauf, was sich für mich wirklich echt anfühlt.

Habe ich meine früheren Entscheidungen wirklich genau genug überprüft, um daraus meine Schlüsse zu ziehen? Habe ich mich bemüht herauszufinden, was wirklich um mich herum und in mir selbst geschieht? Habe ich auch das Naheliegende erkannt? Ist mir die Wahrheit bewußt? Bin ich mir selbst gegenüber absolut ehrlich?

Ich befrage mein Herz, indem ich mir einige ganz persönliche Fragen stelle:

Zeigt meine Entscheidung, daß ich zu mir selbst ehrlich bin? Daß ich meiner Intuition vertraue? Daß ich etwas Besseres verdient habe?

JA______ oder NEIN______

Intuition

Samstag nachmittag

Während der Mittagspause am Samstag hielt der junge Mann nach Peter Golden Ausschau, dessen Ruhe und Gelassenheit ihm aufgefallen war. Vielleicht konnte er von dem jungen Werbekaufmann etwas lernen. Der drahtige Mann, der eine Brille trug, saß auf einem großen Felsbrocken, genoß die Aussicht auf die Schlucht und ließ sich sein Mittagessen schmecken.

Der junge Mann kam langsam näher. Peter wandte sich um und winkte ihn heran. «So, du bist also hier oben, um dir über deine Entscheidungen klarzuwerden. Hast du schon den PLAN benutzt?»

«Ja, ich wende ihn auf eine Entscheidung an, die ich treffen muß. Bisher habe ich mir die praktischen Fragen und die erste Frage des persönlichen Teils gestellt.»

Sie aßen schweigend. Dann begann Peter: «Würde es dir wohl weiterhelfen, wenn du dich fragst: ‹*Traue ich meiner eigenen Intuition?*›»

Der junge Mann dachte in diesem Zusammenhang sofort an seine Entscheidung und überlegte, ob diese Frage ihm dabei nützen könnte.

Peter fuhr fort: «Vielleicht könntest du dich fragen: ‹Wie fühle ich mich, während ich diese Entscheidung treffe?›»

Der junge Mann hatte noch nicht viel über seine Gefühle zum *Wie* seiner Entscheidungsfindung nachgedacht, sondern mehr darüber, *was* die von ihm getroffene Entscheidung in ihm auslöste.

«Was meinst du mit ‹Gefühle zum *Wie* meiner Entscheidungsfindung›? Wie und was soll ich da empfinden?»

«Frage dich zum Beispiel: ‹Bin ich ruhig oder nervös?›, ‹Bin ich wie gelähmt vor Unsicherheit oder selbstbewußt?›, ‹Fühle ich mich ausgelaugt oder voller Energie?› Wenn es sich nicht richtig anfühlt, wie du deine Entscheidung triffst, dann ist wahrscheinlich auch deine Entscheidung nicht gut, und du mußt eine bessere finden.

Während du deine Entscheidung triffst, frage dich selbst, ob du dich dabei auf die Meinung von anderen verläßt oder auf deine eigenen Gefühle, auf deine Intuition oder sogar auf deine *bessere* Intuition.»

Der junge Mann sah ihn etwas zweifelnd an. «Ich bin mir nicht sicher, was du mit meiner Intuition meinst, ganz zu schweigen von meiner *besseren* Intuition.»

«Fangen wir mit deiner Intuition an und überlegen danach, was mit deiner *besseren* Intuition gemeint ist. Deine eigene Intuition ist dein unbewußtes Wissen, das sich auf deinen persönlichen Erfahrungen aufbaut. Es ist das, was nach *deinem* Gefühl einfach das Richtige für *dich* ist.»

«Was meinst du mit ‹nach meinem Gefühl›?»

«Wenn du eine spezifische Entscheidung fällen mußt wie die, mit der du dich gerade beschäftigst, was hast du für ein Gefühl dabei? Bist du ruhig oder gestreßt? Strengt es dich an, oder fällt es dir leicht? Machst du dir Sorgen, oder bist du mit Begeisterung dabei? Wie fühlst du dich, während du über die richtige Entscheidung nachdenkst? Und was kannst du aus diesem Gefühl in bezug auf die Folgen dieser Entscheidung schließen?»

Der junge Mann blickte zu Boden. «Ich fürchte, mit meiner Intuition oder meiner Fähigkeit, die möglichen Folgen vorauszusagen, ist es nicht weit her.»

«Vielleicht ist sie besser, als du denkst, und du mußt deine Intuition nur ein bißchen weiterentwickeln», sagte Peter. «Das nimmt vielleicht ein wenig Zeit in Anspruch, aber es ist sowohl für deinen Beruf als auch für dein Privatleben von großer Wichtigkeit.»

«Wie kann ich denn meine Intuition entwickeln?» fragte der junge Mann.

«Du kannst dich zum Beispiel daran erinnern, wie du deine Entscheidungen bisher getroffen hast. Konzentriere dich besonders auf das Gefühl, das du während einer bestimmten Entscheidung hattest. Dann erinnere dich an die Folgen dieser Entscheidung. So kannst du allmählich lernen, wie dein Gefühl während des Entscheidens die zukünftigen Ergebnisse vorhersagt. Wenn du also zum Beispiel ein ungutes Gefühl beim Entscheiden hattest, wenn du nervös warst, wie sahen die Ergebnisse dann häufig aus?»

«Meistens nicht besonders», gab der junge Mann zu.

«Ja, diese Erfahrung habe ich auch gemacht», sagte Peter. «Wenn ich beim Entscheiden ein ungutes Gefühl hatte, dann waren die Resultate meistens auch nicht besonders gut. Um die Intuition verwenden zu können, muß man darauf achten, wie man sich fühlt, während man die Entscheidung trifft. Wenn man sich nur mit großer Anstrengung zu einer bestimmten Entscheidung durchringt, dann versucht man wahrscheinlich, die Dinge irgendwie zu erzwingen. Und das geht selten gut.

Wenn man sich dagegen vor der Entscheidung wichtige Fragen stellt und sie dann gelassen treffen kann, dann beruht sie wahrscheinlich auf einer Wahrheit, die man durch die Fragen erkannt hat. Und wenn das der Fall ist, dann werden auch die Ergebnisse besser sein.»

Der junge Mann dachte an vergangene Entscheidungen und die damit verbundenen Umstände und hatte das Gefühl, daß das, was Peter sagte, auf ihn zutraf.

«Wie kann ich denn lernen, meine Entscheidungen mit weniger Anstrengung und Nervosität zu treffen?» wollte der junge Mann wissen.

Peter lächelte. «Ich war auch immer das reinste Nervenbündel wie viele meiner Kollegen, bis ich meine eigene Intuition entwickeln und ihr vertrauen lernte.»

«Und wie machst du das nun?» fragte der junge Mann.

«Erst einmal mache ich mir klar, daß meine wirklichen Gefühle so etwas wie ein ‹persönlicher Führer›, eine Art von innerem Mentor sind, der mir meine eigene Weisheit, mein in mir schlummerndes Wissen, zeigt. Dieser leitenden Intuition schenke ich Aufmerksamkeit und vertraue ihr.»

«Albert Einstein hat mal gesagt: ‹Intuition ist das Wesentliche, worauf es ankommt›», warf der junge Mann ein.

«Ja, und da hatte er recht. Vergiß nicht, daß Intuition nicht nur das ist, was du gefühlsmäßig von der Entscheidung hältst, sondern auch das, was du beim Entscheiden empfindest.»

Der junge Mann sagte: «Ich bin in letzter Zeit nervös, weil die Entscheidung, die vor mir liegt, ziemlich kompliziert ist.»

«Zumindest glaubst du, daß sie es ist», meinte Peter. «Vielleicht drängt sich dein Ego zu sehr in den Vordergrund. Ein starkes Ego gehört zwar zu einem guten Selbstvertrauen; allerdings darfst du nicht so egoistisch sein und meinen, daß es bei dieser Entscheidung nur um dich selbst ginge. Unsere Galaxie dreht sich nicht um die Erde, und bei deiner Entscheidung dreht es sich meistens auch nicht nur um dich.

Wenn du in einer bestimmten Situation ganz selbstbezogen, also egoistisch reagierst, dann machst du sie meistens nur noch komplizierter. Die Situation ist vielleicht komplex, aber sie wird durch dich noch verkompliziert.»

«Was ist denn da der Unterschied?» fragte der junge Mann.

«*Komplex* bedeutet, daß das Problem viele Komponenten hat», antwortete Peter. «*Kompliziert* bedeutet, daß du die einzelnen Komponenten nicht klar voneinander abgrenzen kannst. Wenn dir eine Situation kompliziert zu sein scheint, dann wirst du dir verloren vorkommen und es auch bleiben. Wenn du eine Situation für komplex hältst, kannst du ihre einzelnen Aspekte nacheinander analysieren und mehrere einfache, naheliegende Antworten finden. Dann stellst du diese Antworten zusammen und hast deine Lösung.»

«Zum Beispiel», erklärte Peter, «scheint das Gefühl Angst kompliziert zu sein, bis du es analysierst. Wovor fürchtest du dich?»

«Ich habe Angst vorm Fliegen.»

«Versuche mal zu differenzieren. Hast du Angst vorm Fliegen, oder hast du Angst vorm Abstürzen?»

«Vorm Abstürzen.» Der junge Mann lachte.

«Selbstverständlich. Alle Angst ist immer auf die Zukunft gerichtet. Wir haben keine Angst davor, auf einem schmalen Grat zu gehen, sondern wir haben Angst davor abzustürzen, und zwar in unmittelbarer Zukunft.» Beide Männer lächelten.

«Wenn wir unsere Furcht ehrlich ins Auge fassen können und dabei lächeln, dann machen wir Fortschritte», sagte Peter. «Denk einmal an deine Entscheidungen, bei denen Angst eine Rolle gespielt hat oder Unsicherheit, Nervosität, Wut, Furcht, Verstimmung und Sorgen, alles nur verschiedene Gesichter der Emotion Angst.» Er schwieg und blickte in die Ferne.

Der junge Mann dachte an sein vergangenes Leben und an all die Entscheidungen, bei denen Angst eine Rolle gespielt hatte.

Nach geraumer Zeit wandte sich Peter wieder an ihn und fragte: «Wie sahen denn die Ergebnisse deiner Entscheidungen aus, die du aus einer gewissen Angst heraus getroffen hast?»

Der junge Mann schüttelte traurig den Kopf zum Zeichen, daß sie nicht gerade positiv gewesen waren.

«Damit stehst du nicht allein da», sagte Peter. «Kennst du zum Beispiel irgend jemanden, der es nicht bereut, sich mit einem Menschen entweder privat oder beruflich zusammengetan zu haben, obwohl er gleich ein ungutes Gefühl dabei hatte?»

«Nein, eigentlich nicht», sagte der junge Mann. «Ich brauche da nur an meinen besten Freund zu denken. Er war sich nicht sicher, ob er seine Freundin genug liebte, aber er heiratete sie, weil er Angst hatte, daß er sie sonst verlieren würde und dann keine bessere Frau finden würde.»

«Und wie sieht die Ehe jetzt aus?»

«Sie sind geschieden», erwiderte der junge Mann.

«Das ist wirklich schade», sagte Peter. «Aber leider ist ein solches Ergebnis nur allzu häufig vorherzusehen, wenn die Entscheidung auf einem solchen negativen Gefühl beruht. Jeder von uns hat hin und wieder vor etwas Angst. Wichtig ist nur, daß man nicht aus diesem Gefühl heraus handelt. Wir können solche Fehler vermeiden, wenn wir uns die Zeit nehmen und uns fragen: ‹Was würde ich tun, wenn ich keine Angst hätte?› Und genau das tun wir dann. Um bei deinem Beispiel zu bleiben: Was wäre deiner Meinung nach geschehen, wenn dein Freund seine Freundin nicht geheiratet hätte?»

«Er hätte sich von ihr getrennt und hätte später wahrscheinlich eine Frau gefunden, die besser zu ihm paßt. Wenn ich daran denke, wie die Ehe endete, dann bin ich sicher, daß er eine bessere Entscheidung getroffen hätte, wenn er gehandelt hätte, als habe er keine Angst. Aber wahrscheinlich hat er sich nicht die Zeit genommen, sich zu fragen, wie er ohne Angst handeln würde.»

«Nein, wahrscheinlich nicht», gab Peter zu.

Der junge Mann dachte an die Entscheidung, die vor ihm lag, und überlegte, was er wohl tun würde, wenn er keine Angst hätte. Er war jetzt viel zuversichtlicher, was diese Entscheidung betraf.

«Jetzt denke doch einmal an eine deiner besseren Entscheidungen», schlug Peter vor.

Der junge Mann überlegte und mußte lächeln, als ihm eine seiner besseren Entscheidungen einfiel.

«Hattest du da Angst?»

«Nein, sicher nicht.»

«Kannst du jetzt erkennen, inwiefern deine Gefühle damals mit den späteren Ergebnissen zusammenhingen?» fragte Peter.

«Ja, so langsam.» Der junge Mann blieb stehen, holte sein Tagebuch heraus und schrieb:

Meine Gefühle sagen mir oft voraus, was später aus einer Sache werden wird.

«Kannst du mir noch mehr über Intuition erzählen?»

«Intuition kommt von dem lateinischen Verb *intuëri*, und das bedeutet ‹etwas ansehen, auf etwas aufpassen›. Im Mittelalter verstand man unter *tuicion* ‹Schutz›. Heute heißt es soviel wie ‹Lehre›.»

Dem jungen Mann ging ein Licht auf. «Dann schützt mich meine Intuition, indem sie mich lehrt, und zwar richtet sie sich dabei nach dem, was für mich in der Vergangenheit richtig war und was deshalb wahrscheinlich auch jetzt für mich das Richtige ist. Das leuchtet ein. Was ist dann aber meine *bessere* Intuition?»

Peter stand auf und warf einen kleinen Stein in die Schlucht, die vor ihnen lag. «Triffst du deine Entscheidungen ganz allein mit deinem Ego, oder läßt du dich von einer höheren Instanz beraten?»

Der junge Mann lächelte. «Dreimal darfst du raten.» Beide Männer lachten.

Dann sagte Peter: «Es gibt einen besseren Weg als den, der nur durch das eigene Ego gewiesen wird. Wenn ich diesen besseren Weg gehe, dann habe ich weder vor der Welt noch vor mir selbst Angst. Ich ruhe ganz in mir. Und ich treffe bessere Entscheidungen.

Das Konzept der ‹besseren Intuition› ist meine persönliche Anwendung des PLANS. Und meine bessere Intuition bewahre ich mir für meine wichtigsten Entscheidungen auf. Mit ‹besserer Intuition› meine ich eine andere Art von Intuition, eine, die mir bessere Ergebnisse bringt. Sie kommt dann zum Einsatz, wenn ich das Gefühl habe, daß eine Entscheidung für mich die richtige ist, nachdem ich meinen, wie ich es nenne, ‹besseren Führer› um Rat gebeten habe. Es handelt sich um eine Quelle von größerer Weisheit als meine eigenen Erfahrungen.»

Der junge Mann blickte ihn an. «Und wie findet man diesen ‹besseren Führer›?»

«Ich kann dir sagen, wie ich meinen finde, aber das ist vielleicht nicht die richtige Methode für dich. Du mußt das für dich selbst entscheiden.

Wenn *tuition* ‹Lehre› bedeutet, dann ist Intuition, was wir *in uns selbst* gelernt haben», sagte Peter. «Und bessere Intuition heißt *über uns selbst hinausgehen*. Um das zu können, bitte ich um die Hilfe einer höheren Instanz, warte dann still ab und achte auf das, was in mir passiert.»

Der junge Mann wußte, daß das keine neue Methode war. Viele Menschen gelangten über Gebet oder Meditation an diesen Punkt, andere hielten Zwiesprache mit der Natur oder machten allein einen Spaziergang.

«In welchem seelischen Zustand du die Entscheidung triffst, hat zweifellos etwas damit zu tun, wie sie ausfällt», fuhr Peter fort. «Ich frage mich selbst: ‹Bin ich bei meiner Entscheidung ängstlich oder voll Enthusiasmus?› Und ich denke dabei daran, daß das Wort *Enthusiasmus* von dem griechischen Wort *entheos* kommt, was ‹der Gott im Innern› bedeutet.»

«Das erinnert mich wieder an etwas, was ich gelesen habe. ‹Alle Angst ist nur das Gefühl, von Gott getrennt zu sein›.»

«Du bist sehr belesen», sagte Peter anerkennend. «Ich kann dem eigentlich nur zustimmen. Manche Menschen wundern sich, daß ich bei meinem hektischen Beruf so ruhig bleiben kann. Das geht nur, weil ich gelernt habe, meiner *Intuition* bei täglichen Entscheidungen zu vertrauen und meiner *besseren Intuition* bei wirklich wichtigen Dingen, besonders bei meinen persönlichen Entscheidungen.

Was wirst *du* also tun? Wirst du deine Intuition und vielleicht sogar deine bessere Intuition einsetzen? Nein, antworte mir nicht. Das geht allein dich etwas an.»

Peter schwieg einen Moment und fuhr dann fort: «Hast du schon einmal von dem Binärcode des Körpers gehört und wie man sich mit seiner Hilfe über Dinge klarwerden kann?»

«Nein. Wie funktioniert denn das?»

«Wir denken mit unserem Kopf und fühlen mit unserem Körper. Unser Verstand kann abgelenkt, kann beeinflußt werden, aber unser Körper teilt uns in einem einfachen binären Code mit: Ja, es fühlt sich richtig an, oder: Nein, es fühlt sich nicht richtig an. Wenn du nun schon deinen Kopf benutzt hast, dir also die praktischen Fragen gestellt hast, und die Antwort ist immer noch ‹vielleicht›, dann ist es Zeit, nicht nur zu denken, sondern auch zu fühlen.»

Peter schwieg, und auch der junge Mann sagte nichts, sondern dachte darüber nach, ob er sich bei der Suche nach seiner Entscheidung gut fühlte.

Nach einer Weile bedankte er sich bei Peter und ging allein am Rand der Schlucht entlang, tief in Gedanken versunken. Er betrachtete die gewaltigen Felsen auf der anderen Seite und die schönen, mächtigen Bäume auf einem entfernten Kamm.

Nach der Mittagspause gingen er und Peter wieder schweigend nebeneinander her. Beide empfanden Sympathie und Achtung füreinander. Sie waren in die Berge gefahren, um die Natur zu genießen, und nahmen diese Erfahrung tief in sich auf. Es war schon spät am Nachmittag, als der junge Mann sagte: «Peter, ich möchte mich sehr bei dir bedanken.» Dann bog er ab auf einen anderen Pfad.

Peter winkte zum Abschied und rief ihm hinterher: «Ich wünsche dir viel Erfolg.»

Später schrieb der junge Mann in sein Notizbuch:

Intuition: eine Zusammenfassung

Je mehr ich mit Hilfe meiner Intuition die Gefühle erforsche, die ich während meines Entscheidens empfinde, desto besser schütze ich mich vor kostspieligen Fehlentscheidungen.

Oft kann man die Ergebnisse einer Entscheidung schon im vorhinein daran ablesen, wie man sich fühlt, während man die Entscheidung trifft.

Ich werde meine Entscheidung nicht in einem Zustand der Angst treffen, denn Angst hat mir noch nie besonders gute Ergebnisse gebracht.

Ich kann eine sinnvolle Entscheidung viel besser treffen, wenn ich mich nicht von meinem Ego leiten lasse, sondern von meinem ‹besseren Führer›.

Wie fühle ich mich: gestreßt oder ruhig? Klar oder verwirrt? Ausgelaugt oder voller Energie? Ängstlich oder enthusiastisch? Auf mich konzentriert oder offen für andere Eingebungen? Wie würde ich entscheiden, wenn ich keine Angst hätte?

Fühlt sich diese Entscheidung für mich wirklich gut und richtig an? So als ob ich meine Lieblingsfarbe sehe, einen guten Freund treffe oder einen schönen Spaziergang mache?

Wenn ich mich dabei nicht gut und richtig fühle, dann ist die Entscheidung wahrscheinlich auch nicht gut und richtig für mich, und ich sollte sie ändern. Verlasse ich mich auf meine Intuition?

Ich befrage mein Herz und stelle mir die ersten beiden persönlichen Fragen:

Zeigt meine Entscheidung, daß ich ehrlich mit mir bin und daß ich mich auf meine Intuition verlasse?

JA______ oder NEIN______

Selbstwertgefühl

Sonntag, bei Sonnenaufgang

Es war Sonntag morgen, der letzte Tag der WANDERUNG. Der junge Mann hatte an dem kurzen Gebet zum Sonnenaufgang teilgenommen und wollte jetzt mit dem Mann sprechen, den er während der Wandcrung am meisten schätzengelernt hatte.

Nigel «Wings» Macleod war ein großer, sportlicher, rothaariger Australier, Gründer und Präsident einer bekannten Fluggesellschaft. Er war freundlich und umgänglich und wurde von allen mit seinem alten Spitznamen «Wings» genannt. Jeder aus der Gruppe fühlte sich aus irgendeinem Grund von ihm angezogen, und der junge Mann war keine Ausnahme.

Er hatte das Gefühl, daß dieser Mann etwas wußte, was nur wenigen bekannt war, und er wollte von ihm soviel wie möglich lernen. Als Wings Macleod das merkte und sich aufmunternd an ihn wandte, sprach der junge Mann von dem, was ihn während des ganzen Wochenendes nicht losgelassen hatte.

«Manchmal fühle ich, daß ich im Begriff bin, eine falsche Entscheidung zu treffen, aber das scheint mir gleichgültig zu sein. Ich bleibe trotzdem bei der Entscheidung. Niemand hat bisher dieses Problem angesprochen. Bin ich der einzige, dem es so geht?»

Wings lachte. «Du willst also, daß ich von dem spreche, worüber so wenige sprechen wollen?»

Der junge Mann blickte ihn etwas betroffen an, aber Wings beruhigte ihn: «Keine Angst. Ich helfe dir gern dabei herauszufinden, warum du schlechte Entscheidungen triffst, obgleich du es eigentlich besser weißt. Aber du mußt bereit sein, dich innerlich vollkommen umzustellen, um es selbst zu entdecken.»

Der junge Mann antwortete: «Dazu bin ich bereit. Bisher habe ich mir die beiden ersten Herz-Fragen gestellt: ‹*Zeigt meine Entscheidung, daß ich mit mir selbst ehrlich bin und daß ich mich auf meine Intuition verlasse?›* Daß ich die falschen Entscheidungen treffe, obgleich ich es eigentlich besser wissen sollte, hat wohl etwas mit der dritten Frage: ‹*Entspricht das einem guten Selbstwertgefühl?›* zu tun, oder?»

«Ja, genau», antwortete Wings. «Du hast mir erzählt, daß du manchmal etwas tust, obgleich du ahnst, daß es deinen eigenen Erfolg sabotieren wird. Daraus kann man schließen, daß du dich von einer bestimmten Einstellung freimachen mußt, von der du noch nicht einmal weißt, daß du sie hast, nämlich, daß du es nicht besser verdient hast. Übrigens haben die meisten von uns das gleiche Problem.»

«Aber...»

Wings lachte wieder. «Ich weiß. Du willst mich unterbrechen und mir sagen, daß du schon der Meinung bist, etwas Besseres verdient zu haben. Aber ich spreche nicht davon, was du *meinst*, ich spreche davon, was du *fühlst*, was du wirklich *glaubst*.

Wenn du herausfinden möchtest, was du wirklich glaubst, achte darauf, wofür du dich besonders oft entscheidest.

Der Teil, der von dem Selbstwertgefühl, von dem Gefühl, ‹etwas Besseres verdient zu haben›, handelt, ist für unseren Kopf besonders schwer zu begreifen. Wenn wir aber mit dem Herzen die Wahrheit dieser Aussage fühlen, dann verhilft uns diese Erkenntnis bald zu besseren Entscheidungen. Wir müssen nur darauf achten, was wir tun.»

Das kam für den jungen Mann unerwartet. «Kannst du mir ein praktisches Beispiel geben?»

«Natürlich.» Wings nickte. «Wie häufig triffst du falsche Entscheidungen, weil du dir einfach nicht die Zeit nimmst, die notwendigen Informationen einzuholen?»

Der junge Mann mußte daran denken, daß genau das vor kurzer Zeit passiert war. Er grinste und sagte: «Ich? Niemals!»

Wings lachte. Es gefiel ihm, daß der junge Mann seine Fehler erkannte und darüber lachen konnte.

«Also, du, ein junger, intelligenter Mann, der weiß, daß es gut wäre, die notwendigen Informationen einzuholen, entschließt sich dagegen. Sehe ich das richtig?»

«Vielleicht nicht ganz», antwortete der junge Mann. «Ich würde nicht sagen, ich habe mich dagegen entschieden, mich zu informieren. Ich habe es einfach nicht getan.»

«Aber warum würdest du jemals bewußt etwas tun, von dem du weißt, daß es nicht in deinem Interesse wäre?»

Der junge Mann wußte nichts Rechtes darauf zu erwidern.

«Um die Antwort für dich zu finden, mußt du dir selbst ein paar ganz persönliche Fragen stellen», sagte Wings. «Engst du dich selbst ein in dem, was du tust, damit du nicht mehr Erfolg hast, als du unbewußt glaubst zu verdienen und auch akzeptieren zu können? Zum Beispiel, hörst du auf, wenn du ein gewisses Maß an Erfolg, an Glück erreicht hast, und versuchst nicht, mehr zu erreichen?

Trägst du vielleicht eine automatische Bremse in dir, einer Geschwindigkeitskontrolle bei einem gemieteten Auto vergleichbar, die den Fahrer daran hindert, schneller zu fahren, als es das Gesetz erlaubt? Wird das Tempo deines Erfolges gebremst, unabhängig davon, wie stark du auf das Gaspedal trittst, oder, anders gesagt, dich selbst unter Druck setzt?

Welche vielleicht unbewußten Einstellungen können an dieser Blockade schuld sein?

Fändest du es in Ordnung, wenn du bessere Entscheidungen treffen würdest? Oder hättest du Angst vor zuviel Erfolg oder Glück?

Wahrscheinlich glaubst du, daß das Ganze völlig unlogisch ist, aber könnte es sein, daß du irgendwie glaubst, daß du es nicht besser verdient hast? Könnte aus deinen Entscheidungen eine Einstellung sprechen, durch die du deine eigenen Erfolge sabotierst, auch wenn du dir dessen absolut nicht bewußt bist? Du mußt dich einmal selbst fragen: ‹Zeigt meine Entscheidung ein gutes Selbstwertgefühl, zeigt sie, daß ich wirklich glaube, etwas Besseres verdient zu haben?›»

Das war für den jungen Mann beinahe zuviel auf einmal. Er versuchte, erst einmal nicht weiter darüber nachzudenken.

Beide Männer schwiegen.

Aber nach einer Weile fragte der junge Mann: «Was meinst du

damit, ‹daß ich wirklich glaube, etwas Besseres verdient zu haben›?»

«Du *denkst* vielleicht, daß du etwas Besseres verdienst, aber du *glaubst* es nicht wirklich, und du handelst auch nicht entsprechend. Du sträubst dich vielleicht verzweifelt gegen diese Wahrheit, wie sich unsere großen Schwertfische in Australien gegen den Zug der Angel sträuben. Die meisten von uns wehren sich gegen die Vorstellung, daß sie sich selbst so entscheidend behindern. Wenn wir aber unsere Entscheidungen betrachten, dann erkennen wir, wie häufig das stimmt. Denk nur an deine Entscheidung, die notwendigen Informationen nicht einzuholen.

Das Geheimnis, wie man zuverlässig bessere Entscheidungen trifft, besteht darin, daß man sich bewußt dafür entscheidet zu glauben, etwas Besseres verdient zu haben, und diesem guten Selbstwertgefühl entsprechend handelt.»

Wings stand auf und sagte: «Du willst vielleicht noch ein bißchen darüber nachdenken oder, was noch besser wäre, abwarten, ob du die Wahrheit dessen, was ich dir gesagt habe, *erfühlen* kannst.» Damit wandte er sich um und ging.

Der junge Mann war froh, daß Wings ihn mit seinen Gedanken alleingelassen hatte, denn die Frage, was er seiner Meinung nach verdiente, empfand er als sehr persönlich. Er ging langsam auf und ab und überlegte: «Was verdiene ich meiner innersten Überzeugung nach wirklich?» Er mußte sich etwas zwingen, dieser Frage nachzugehen, denn was er sah, gefiel ihm nicht immer. Aber er versuchte, so ehrlich wie möglich zu sein. Und dann fragte er sich, ob er sich selbst und seinem Erfolg nicht unbewußt Steine in den Weg gelegt hatte, auch wenn das unlogisch zu sein schien.

Nach einer Weile zog er sein Notizbuch aus der Tasche und schrieb einen Satz hinein. Er war noch nicht ganz von der Wahrheit überzeugt, wußte aber, daß es ein wichtiger Satz war, über den er auch später noch nachdenken konnte.

Häufig erzielen wir genau die Ergebnisse,
die wir unbewußt zu verdienen
glauben.

Später gesellte sich Wings wieder zu dem jungen Mann und fragte: «Hast du über frühere Entscheidungen und deine Einstellungen von damals einmal nachgedacht?»

«Ja. Die Fragen für das ‹Herz›, die du mir gestellt hast, bekommen langsam einen Sinn für mich.»

Wings lächelte. «Wenn du dir das Muster deiner früheren Entscheidungen anschaust, was fällt dir auf in bezug auf das, was du wirklich zu verdienen glaubst?» Er sah den jungen Mann aufmunternd an. «Denk daran, daß *Glauben* in diesem Fall sehr viel mehr bedeutet als *Denken*. Beinahe jeder denkt bewußt, daß er etwas Besseres verdient. Aber was *glaubt*, was *fühlt* er wirklich? Zeigen deine Handlungen, daß du etwas Besseres zu verdienen glaubst, und zwar in jedem Bereich deines Lebens, beruflich und privat? Und wenn nicht, warum nicht?

Könnte es sein, daß die Umwelt, in der wir aufwachsen, uns dazu bringt, daß wir uns das Bessere versagen? ‹Besser als was?› fragt man sich vielleicht. ‹Besser als andere Menschen?› Und ein sozial eingestellter Mensch würde sich vielleicht fragen: ‹Warum sollte ich es besser haben als andere?›

Aber damit hat man einen wichtigen Punkt mißverstanden. Es handelt sich nicht um besser im Hinblick auf *andere*, sondern um besser im Hinblick auf das *eigene* Interesse. Und das verdient *jeder*.»

Der junge Mann überlegte einen Augenblick und sagte dann: «Ich muß wohl zugeben, daß ich manchmal handele, als ob ich nicht wirklich etwas Besseres verdient zu haben glaube.»

Wings sagte: «Mach dir nicht zu viel draus. Ich war früher genauso, als ich noch jünger war. Hat man dir als Jugendlichem jemals gesagt: ‹Was denkst du denn, wer...›»

«‹...du bist?›» vervollständigte der junge Mann den Satz. Beide lachten.

«Das ist dir also auch bekannt», sagte der lange Australier. «Und wie kamst du dir dabei vor?»

«Ganz klein», sagte der junge Mann lächelnd.

«Ich auch», sagte Wings. «Wir können zwar heute darüber lachen, aber so etwas kann uns sehr lange beeinflussen. Vielleicht klammern sich so viele Menschen deshalb unbewußt an die Vorstellung, daß sie manchmal einfach nichts Besseres verdient haben, wenn sie das auch vor sich selbst immer wieder leugnen würden. Diese unbewußte Einstellung zeigt sich auf verschiedene Art und Weise. Manche Menschen sind erfolgreich im Beruf, aber unglücklich in ihrem Privatleben, oder umgekehrt, so als ob Erfolg in beiden Bereichen zuviel des Guten wäre. Manche halten an dieser versteckten Einstellung nur in gewissen Phasen ihres Lebens fest, andere ihr ganzes Leben lang, weil sie sie sich nie bewußt machen.»

«Und warum tun wir das?» fragte der junge Mann.

«Ich weiß es eigentlich auch nicht.» Wings lachte. «Ich weiß nur, daß ich zuverlässiger Erfolg habe, wenn ich mir das, was ich vorhabe, genau ansehe und mich frage: ‹*Zeigt meine Entscheidung, daß ich zu mir selbst ehrlich bin, daß ich mich auf meine Intuition verlasse, und entspricht sie einem guten Selbstwertgefühl?*› Wenn ich darauf mit ‹Nein› antworten muß, dann ändere ich meistens meine Entscheidung und auch mein Handeln.

Ich habe mit Hilfe anderer eine erfolgreiche Fluggesellschaft aufgebaut, und ich habe alle Mitarbeiter immer wieder dazu ermutigt, auf Grund eines guten Selbstwertgefühls, auf Grund der Einstellung, etwas Besseres verdient zu haben, zu handeln.»

Dem jungen Mann fiel auf, daß Wings sich nicht nur darauf konzentrierte, seine *Einstellungen* zu ändern, sondern auch seine *Handlungen*. Und daß er anderen dabei half, das gleiche zu tun.

Und der junge Mann fragte sich: «Was glaube ich, und wie handle ich? Stelle ich mir wichtige Fragen, bevor ich eine Entscheidung treffe? Konzentriere ich mich auf das wirklich Notwendige statt nur auf das, was ich mir wünsche? Hole ich die notwendigen Informationen ein und erkundige mich nach möglichen Alternativen? Durchdenke ich meine Entscheidung gründlich, bis hin zu den besseren Ergebnissen?

Kann es sein, daß ich auf Grund eines mangelhaften Selbstwertgefühls nicht wirklich glaube, etwas Besseres zu verdienen, und so meinen Erfolg sabotiere, weil ich nicht ehrlich mit mir bin? Oder weil ich meiner Intuition nicht traue? Oder weil ich daran zweifle, daß ich mehr leisten kann, daß ich ausreichende fachliche Fähigkeiten oder die richtigen Verbindungen besitze?»

Der junge Mann war noch tief in Gedanken versunken, als Wings leise sagte: «Wir gestehen uns selbst nie mehr zu als das, was wir wirklich glauben zu verdienen.»

Nach einer Pause fuhr er fort: «Stehst du immer mit einem Fuß auf der Bremse?»

Der junge Mann blickte auf. «Was meinst du damit?»

«Behinderst du dich selbst durch deine Einstellung, daß du es nur verdienst zu überleben statt erfolgreich zu sein? Aber darauf will ich keine Antwort haben. Diese Frage mußt du dir selbst beantworten.»

Und wieder wollte der junge Mann diese Gedanken am liebsten von sich fortschieben, er fühlte sich zu unwohl dabei. Aber dann überlegte er: «Was glaube ich denn wirklich?»

Nach einer Weile sagte er: «Kann ich dich etwas fragen?»

«Das wäre ja nicht das erste Mal.» Der Australier lachte.

Der junge Mann stimmte in das Lachen ein. «Was kann ich denn tun, wenn ich merke, daß ich nicht wirklich daran glaube, etwas Besseres verdient zu haben?»

«Das ist eine sehr gute Frage», antwortete Wings. «Was würdest du denn tun, wenn du glaubtest, etwas Besseres verdient zu haben? Du brauchst nicht zu warten, bis dein Selbstwertgefühl tatsächlich gestiegen ist. Du solltest gleich so handeln, als glaubtest du bereits, etwas Besseres zu verdienen. Wenn deine Handlungen besser werden, dann wird sich auch alles andere zum Positiven hin verändern. Denk daran, daß Entscheidungen nur effektiv sind, wenn du auch ihnen entsprechend handelst, und zwar *rechtzeitig*.»

Wings machte eine kurze Pause und überlegte. Dann fuhr er fort: «Du kannst dich also zum Beispiel fragen: ‹Habe ich genug Vertrauen in meine Entscheidung, daß ich danach handeln will, und zwar *bald*?›»

In diesem Augenblick gesellten sich die anderen Wanderer zu

den beiden, und gemeinsam genossen sie die schöne Rundsicht vom Gipfel. Eine Stunde saßen sie zusammen, freuten sich an dem herrlichen Blick und am Zusammensein, sprachen miteinander oder hingen auch still den eigenen Gedanken nach. Die WANDERUNG war für jeden ein wunderbares Erlebnis.

Als alles etwas ruhiger geworden war, bedankte sich der junge Mann bei Wings und zog sich zurück, um sich ein paar Notizen zu machen. Er wollte nicht vergessen, welche Erkenntnisse er in bezug auf sein Selbstwertgefühl gewonnen hatte und wie das, ihm unbewußt, seine Entscheidungen beeinflußte.

Selbstwertgefühl: eine Zusammenfassung

Meine Entscheidungen hängen von meiner eigenen Einstellung ab, vor allen Dingen in bezug auf mich selbst, auf das, was ich wirklich glaube, wert zu sein.

Um festzustellen, was ich wirklich glaube, achte ich vor allen Dingen auf das, was ich am häufigsten tue.

Ich denke vielleicht, daß ich etwas Besseres verdient habe, aber meine Handlungen zeigen, daß ich nicht immer wirklich daran glaube.

Um zuverlässig bessere Entscheidungen zu fällen, muß ich bewußt eine Wahl treffen und wirklich glauben, daß ich etwas Besseres verdient habe. Und dann diesem Glauben entsprechend handeln.

Habe ich mich genug mit vergangenen Entscheidungen und Handlungen beschäftigt, um herauszufinden, was ich tatsächlich von mir halte, was ich glaube, verdient zu haben? Erkenne ich jetzt, wie stark meine Entscheidungen mein Selbstgefühl zum Ausdruck bringen? Glaube ich fest genug an meine Entscheidung, um bald entsprechend zu handeln? Wozu würde ich mich jetzt entschließen, wenn ich wirklich glaubte, ich verdiente etwas Besseres?

Ich ziehe mein Herz zu Rate und stelle mir die persönlichen Fragen:

Zeigt meine Entscheidung, daß ich ehrlich zu mir selbst bin, daß ich meiner Intuition vertraue? Entspricht sie einem guten Selbstwertgefühl?

JA______ oder NEIN______

Eine bessere Entscheidung finden

Die Rückschau

Sonntag morgen, beim Abstieg

Beim Abstieg gesellte sich der junge Mann zu dem Leiter, und gemeinsam hielten sie Rückschau auf das, was der junge Mann in den letzten Tagen gelernt hatte.

Der Leiter sagte: «Wenn du an Freitag denkst und an den Beginn der Exkursion, was fällt dir dann ein?»

«Ich sehe, daß die Art und Weise, in der ich die WANDERUNG begonnen habe, stark der Vorgehensweise ähnelt, mit der ich an viele meiner Entscheidungen herangehe. Es war mir nicht klar, daß ich in die falsche Richtung ging. Ich besaß die notwendige Information nicht, die Anweisungen, wie ich den Treffpunkt finden würde. Ich hatte mich nicht über Alternativen informiert. Und meinen Entschluß, ohne die Wegbeschreibung das Haus zu verlassen, hatte ich ganz sicher nicht genau durchdacht.

Ich machte mir selbst etwas vor. Ich fühlte zwar, daß ich lieber zurückgehen und die Unterlagen holen sollte, aber ich ignorierte meine Gefühle, meine Intuition. Vielleicht hatte ich irgendwie das Gefühl, daß ich etwas Besseres eigentlich gar nicht verdiente. Ich hatte schließlich schon oft ähnliche Fehler gemacht, aber nichts daraus gelernt.»

«Wie fühlst du dich jetzt?»

«Irgendwie wacher.» Der junge Mann lächelte. «Ich habe mir meinen eigenen PLAN zusammengestellt mit den wichtigen Gedanken und Fragen. Den trage ich jetzt immer bei mir.»

Der Leiter lächelte auch und sagte: «Du weißt natürlich, daß mehr dazu gehört, als nur den PLAN in der Tasche zu haben. Du solltest ihn häufig zu Rate ziehen und danach handeln. Und wenn du das tust, dann wirst du auch bessere Entscheidungen treffen.»

«Genau das ist dieses Wochenende geschehen.»

«Was ist geschehen?»

«Also, ich habe getan, was du gesagt hast. Als erstes habe ich eine kurze Inventur meiner eigenen Person gemacht und meine ursprüngliche Entscheidung aufgeschrieben. Dann beschäftigte ich mich mit den zwei Fragenkomplexen, zuerst mit den Kopf-Fragen: ‹*Werde ich damit den echten Notwendigkeiten gerecht? Informiere ich mich über Alternativen? Und durchdenke ich alles gründlich?*›

Anfangs habe ich diese Fragen mit einem schnellen ‹Ja› beantwortet und hielt das wirklich für meine ehrliche Antwort.

Dann stellte ich mir die Herz-Fragen: ‹*Zeigt meine Entscheidung, daß ich mit mir selbst ehrlich bin, daß ich meiner Intuition vertraue? Entspricht sie einem guten Selbstwertgefühl?*› Und ich stellte dabei fest, daß ich mir etwas vormachte.

Ich bin froh, daß du mich zur Geduld angehalten hast. Nachdem ich nämlich den zweiten Fragenkomplex für mich beantwortet hatte, ging ich zum ersten Teil zurück und stellte mir die Kopf-Fragen noch einmal. Daraufhin konnte ich eine sehr viel bessere Entscheidung treffen. Mir war jetzt alles viel klarer.»

«Was denn?» fragte der Leiter ruhig.

«Als erstes fiel mir auf, daß ich das verfolgte, was ich mir wünschte, aber nicht das, was wirklich notwendig war. Zweitens hatte ich mich nicht ausreichend informiert. Und drittens hatte ich meine Entscheidung nicht wirklich gründlich bis in die letzten Konsequenzen durchdacht.

Wie schon gesagt, nachdem ich die Herz-Fragen beantwortet hatte, konnte ich noch einmal ehrlich meinen Kopf befragen und kam so mit Kopf und Herz zu einer viel besseren Entscheidung.

Erst vor ein paar Minuten habe ich mir diese bessere Entscheidung notiert und sie mit meiner ursprünglichen, vorläufigen Entscheidung verglichen, bei der ich wahrscheinlich geblieben wäre, wenn ich nicht auf die WANDERUNG gegangen wäre. Ich habe jetzt zweifellos eine bessere Entscheidung getroffen; aber ich werde mich selbst im Laufe der nächsten Tage wieder mit beiden Fragenkomplexen beschäftigen und sehen, ob es nicht noch eine bessere Entscheidung gibt. Allerdings hast du ja gesagt, daß es vielleicht schon ausreicht, einfach eine bessere Entscheidung als vorher getroffen zu haben.»

Der Leiter lächelte. «Du hast dir selbst viel beigebracht. Du kannst stolz auf dich sein.»

«Ja, ich fühle mich gut dabei. Ich bin auch froh, daß du mir den Rat gabst, mich mit den anderen Mitgliedern der Gruppe zu unterhalten, ihnen und auch mir selbst zuzuhören. Und als ich meinen eigenen Plan aufstellte, konnte ich selbst herausfinden, was ich lernen mußte.»

Der Leiter fragte: «Wenn du nun wieder allein bist, wirst du daran denken, dir die Fragen zu stellen und Kopf und Herz einzusetzen, wenn du eine Entscheidung treffen mußt?»

«Ja, hoffentlich werde ich daran denken, mir die Fragen so oft wie nötig zu stellen.»

Dann bedankte der junge Mann sich herzlich bei dem Leiter und ging zu den anderen, um auch ihnen zu danken. Als er aber sah, daß sie beim Abstieg still und in sich gekehrt wirkten, sprach er sie vorläufig nicht an. Er wußte, daß auch sie über ihre Entscheidungen nachdachten. Jeder stieg in der ihm gemäßen Geschwindigkeit zu Tal.

Schließlich waren alle nacheinander am Fuß des Berges angekommen und nahmen Abschied. Manche gaben sich die Hand, andere umarmten sich. Alle fühlten eine starke Nähe zueinander.

«Wie kann ich euch nur genug danken?» sagte der junge Mann.

Ingrid lächelte: «Das ist einfach. Wende an, was du gelernt hast. Und hilf auch *anderen* dabei.» Er versprach es.

Als der junge Mann später allein den Weg zu seinem Auto zurücklegte, ging er in Gedanken noch einmal alles durch, was er gelernt hatte, und überlegte, wie er das Gelernte in Zukunft täglich anwenden könnte.

Er würde sich die Zeit für die Fragen nehmen, bevor er wichtige Entscheidungen traf.

Als er schließlich wieder in seinem Büro war, vereinfachte er seinen handgeschriebenen PLAN, tippte ihn ab und verkleinerte ihn, so daß er ihn ständig in der Brieftasche bei sich tragen konnte.

Der Plan

«Ja» oder «Nein»

Der Plan
für eine bessere Entscheidung

Ich vermeide Unentschlossenheit
und halbherzige Entscheidungen,
die auf Halbwahrheiten beruhen.

Ich verwende **beide** Hälften eines
zuverlässigen Systems,
um in jeder Situation
bessere Entscheidungen zu treffen:
einen kühlen Kopf
und ein warmes Herz.

Ich setze meinen Kopf ein
bei den praktischen Fragen
und
Ich ziehe mein Herz zu Rate
bei den persönlichen Fragen.

Nachdem ich dann mir selbst
und anderen zugehört habe,
treffe ich eine bessere
Entscheidung
und handle danach.

Ich setze meinen Kopf ein
bei den praktischen Fragen:
Werde ich den
Notwendigkeiten gerecht?
Informiere ich mich
über die Alternativen?
Durchdenke ich alles
gründlich?

«Ja» oder «Nein»

Ist es etwas, was ich mir nur wünsche oder wirklich brauche? Welche Informationen brauche ich? Habe ich mir Alternativen überlegt? Wenn ich «x» täte, was würde geschehen? Und was dann?

Ich ziehe mein Herz zu Rate
bei den persönlichen Fragen:
Zeigt meine Entscheidung:
Ich bin ehrlich
mit mir selbst,
vertraue auf meine Intuition,
habe ein gutes
Selbstwertgefühl?

«Ja» oder «Nein»

Sage ich mir selbst die Wahrheit? Fühlt es sich richtig an? Wie würde ich mich entscheiden, wenn ich keine Angst hätte? Was würde ich tun, wenn ich Besseres verdiente?

Bei «Ja» mache ich weiter,
bei «Nein» überlege ich noch
einmal.

Was ist meine
bessere Entscheidung:...

Auf Grund einer besseren Entscheidung handeln

Den Plan anwenden

Vier Monate danach

Nach ein paar Monaten wußte der junge Mann, daß er zu einem verantwortungsbewußten Menschen herangereift war. Er saß an seinem Schreibtisch und stellte fest, daß er jetzt weitaus bessere Entscheidungen traf, sowohl im Beruf als auch in seinem Privatleben.

Er trug den PLAN in seiner Brieftasche und zog ihn zu Rate, wann immer er eine bessere Entscheidung finden mußte.

Es dauerte nicht lange, und seine Umgebung merkte, daß er sich geändert hatte. Er trat selbstbewußter und entschlossener auf. Er stellte in ruhigem Ton mehr Fragen als früher und hörte auch besser zu.

Viele hatten ihn gefragt, was geschehen sei. Und wenn er ihnen von dem einfachen «Ja»-oder-«Nein»-System erzählte, wollten sie mehr wissen. Er zeigte den wirklich Interessierten seine Notizen von der WANDERUNG und schlug ihnen vor, ihren eigenen PLAN aufzustellen. Sie begannen, das System zu verwenden, und zeigten wieder anderen, wie es einzusetzen sei.

Der Mann saß an seinem Schreibtisch und wartete auf einige seiner Mitarbeiter, die er zu sich ins Büro gebeten hatte. Als alle versammelt waren, begann er: «Halten Sie es für sinnvoll, wenn wir uns einmal in der Woche eine Stunde zusammensetzen, um zu überlegen, wie wir bessere Entscheidungen treffen können? Das Ganze wäre rein freiwillig.

Jeder könnte das «Ja»-oder-«Nein»-System während der Woche für eigene Entscheidungen verwenden. Und dann könnten wir, sagen wir jeden Donnerstag von zehn bis elf, als Gruppe die Probleme besprechen, die die ganze Abteilung angehen. Vielleicht stellen wir dann fest, daß wir gemeinsam noch bessere Entscheidungen treffen können. Was halten Sie davon?»

«Das klingt gut», sagte eine der Mitarbeiterinnen sofort und lachte.

«Ich bin dafür, weil ich immer wieder vergesse, das System anzuwenden, obgleich ich weiß, daß es funktioniert.» Andere nickten zustimmend.

«Wenn ich aber weiß, daß wir uns regelmäßig treffen, würde mich das schon motivieren, mit dem System zu arbeiten. Und ich glaube, ich würde dann auch bessere Entscheidungen treffen.»

Alle waren einverstanden und hielten noch am selben Tag ihr erstes wöchentliches Treffen ab. Wie auch bei den darauf folgenden begannen sie mit den Fragen: «*Werden wir den echten Notwendigkeiten gerecht? Informieren wir uns über Alternativen? Durchdenken wir alles gründlich?*»

Schon nach ein paar Wochen kam beinahe jeder besser vorbereitet zu den Sitzungen, denn alle wußten, daß sie darüber sprechen würden, was sie ursprünglich hatten tun wollen und was sie später als wirklich notwendig erkannt hatten.

Die notwendigen Resultate wurden deutlich beschrieben und dargestellt, so daß jeder die besseren Ergebnisse so klar vor sich sah, als wären sie bereits erzielt worden.

Man sprach über das Pro und Contra von mindestens drei Alternativen und wählte diejenige aus, die am ehesten den echten Notwendigkeiten gerecht werden konnte.

Das Team überlegte sich immer wieder die möglichen Konsequenzen, machte sich klar, was wahrscheinlich zu erwarten war, ging dann wieder einen Schritt weiter, bis schließlich die notwendigen Ergebnisse für jeden deutlich waren und für jede Aktionsphase ein spezifischer Zeitplan vorlag.

Anfangs war es einigen etwas unangenehm, die persönlichen Fragen im Team zu erörtern, und sie stellten sich diese Fragen lieber allein.

Aber schließlich hatten immer weniger Teammitglieder Angst, sich eine Blöße zu geben, und stellten sich den Fragen gemeinsam: «Ja, aber sind wir wirklich *ehrlich* mit uns selbst, *fühlt* es sich denn auch mit dem Herzen richtig an? Wie würden wir uns entscheiden, wenn wir ein *gutes Selbstwertgefühl* hätten?»

Sie hatten mehr Spaß an den wöchentlichen Treffen, seit sie auch zusammen lachen konnten. Was noch wichtiger war: die Entscheidungen der Gruppe wurden besser, weil jeder einzelne für sich seine eigenen Gedanken und Gefühle analysierte. Gemeinsam trafen sie bessere Entscheidungen, als es jedem einzeln möglich gewesen wäre. Sie hatten die Mittelmäßigkeit schwacher Kompromisse, an denen so viele Gruppenentscheidungen kranken, vermeiden können, weil sie als informierte, entschlußfreudige Individuen zusammenarbeiteten.

Bald wurde ihnen deutlich, daß sie als Gruppe für ihre Entscheidungen verantwortlich waren und daß der Teamleiter ihnen nur den Weg wies. Immer mehr Mitarbeiter hörten von den wöchentlichen «Ja»-oder-«Nein»-Versammlungen, und es fiel auf, daß den Teilnehmern mehr Entscheidungsfreiheit gegeben wurde. Sie erzielten bessere Ergebnisse und wurden eher befördert. Es dauerte nicht lange, da wollten auch diejenigen, die erst sehr skeptisch gewesen waren, an den Sitzungen teilnehmen.

Bald veranstalteten mehrere Abteilungen wöchentlich ihre eigenen «Ja»-oder-«Nein»-Versammlungen. Nicht selten wollte man die Stunde überschreiten, aber die Treffen wurden immer nach einer Stunde abgebrochen, und die Teilnehmer lernten, sich gut auf diese Versammlungen vorzubereiten. Viele von ihnen befaßten sich während der Woche mit den beiden Fragenkomplexen, weil sie wußten, daß man über ihre individuellen Entscheidungen im Team sprechen würde.

Das Unternehmen und seine Mitarbeiter hatten über die Jahre immer mehr Erfolg. Der Mann stellte fest, daß seine Teams jetzt aus Menschen bestanden, die mehr Vertrauen in ihre Entscheidungen hatten. Und er erinnerte sich daran, wie es dazu gekommen war.

Der innere Mentor

Zwei Jahre danach

Der Mann saß in seinem neuen, eleganten Büro und dachte nach. Er hatte es weit gebracht. Er war heute weniger naiv als früher, war sich deutlicher bewußt, was um ihn herum und auch in ihm selbst vorging.

Der Leiter und auch andere aus der Wandergruppe hatten gesagt: «Jeder von uns trägt ‹einen Führer› in sich, einen inneren Mentor, der uns hilft, unsere eigene Weisheit zu erkennen.»

Der Mann lächelte. Er wußte, daß es wichtig war, «ja» zur Realität und «nein» zur Illusion zu sagen. Er würde weiterhin seinen Kopf dazu benutzen, gründliche Fragen zu stellen, und sein Herz, um bessere Antworten zu finden.

Er würde sich weiterhin auf die echten Notwendigkeiten konzentrieren, würde persönlich die nötigen Informationen einholen oder wenigstens auf ihre Richtigkeit hin überprüfen. Er würde sich nach Alternativen erkundigen, würde sie genau durchdenken und schließlich zu besseren Ergebnissen kommen.

Er wußte jetzt, daß er Wirklichkeit und Illusion leichter unterscheiden konnte, wenn er selbst mit sich ehrlich war, wenn er seiner Intuition vertraute und aus einem guten Selbstwertgefühl heraus handelte.

Was ihm einst kompliziert vorgekommen war, war zwar immer noch komplex; aber ihm war deutlich geworden, daß er bessere Entscheidungen traf, wenn er ein besseres System anwandte. Er war froh, daß er sich nicht damit zufriedengegeben hatte, die Fragen auswendig zu lernen, sondern daß er gelernt hatte, sie regelmäßig anzuwenden.

Er fühlte sich wie ein neuer Mensch und genoß seinen Wohlstand, aber auch eine innere Ruhe, die er in den Jahren zuvor nicht gekannt hatte.

Er stand auf und ging in seinem Büro hin und her. Er freute sich auf einen Besuch des Leiters, den er seit der WANDERUNG nicht mehr gesehen hatte. Es war eine wichtige Sache gewesen, damals vor zwei Jahren, denn während der WANDERUNG hatte er sein besseres Selbst kennengelernt.

Er war zuversichtlicher denn je, wenn er an die Zukunft dachte. Seit er bei seinen Mitarbeitern das «Ja»-oder-«Nein»-System eingeführt hatte, war die Stimmung innerhalb des Unternehmens besser geworden und der Profit gestiegen.

Der Leiter kam herein und sagte: «Ich habe viel Gutes über dich und deine Firma gehört.»

Der Mann lächelte. «Danke. Erinnerst du dich, als du mir sagtest: ‹Das System funktioniert am besten, wenn du es auch *anwendest*›? Also hier wird es wirklich *angewendet*.» Beide lachten.

Dann fügte der Mann hinzu: «Meine Mitarbeiter hier, die sich daran gewöhnt haben, mit Kopf und Herz nach besseren Antworten zu suchen, erzielen wirklich bessere Ergebnisse. Und je intensiver sie das System anwenden, desto mehr Erfolg haben sie und damit auch unser Unternehmen. Das wollte ich nur sagen.»

Der Leiter lachte. «Wie fändest du es, wenn du und ich unser Wissen an andere Unternehmen weitergäben?»

«Großartig.»

Sie beschlossen also, gemeinsam Methoden auszuarbeiten, wie man das System noch besser anwenden und wie man noch mehr Menschen daran teilhaben lassen könnte. Sie sprachen über verschiedene Möglichkeiten, zum Beispiel, ob man Informationen über das «Ja»-oder-«Nein»-System den Kunden und potentiellen Kunden des Unternehmens zukommen lassen sollte, in der Hoffnung, daß ihre besseren Entscheidungen dann zugunsten der Firma ausfallen würden.

Schließlich verabredeten sie einen neuen Termin, gaben sich die Hand, und der Leiter ging.

Der Mann war jetzt wieder mit seinen Gedanken allein.

Wenn er doch nur schon früher gelernt hätte, bessere Entscheidungen zu treffen! Vieles in seinem Leben wäre anders verlaufen. Deshalb hatte er jetzt begonnen, mit anderen zusammenzuarbeiten, um bereits Schulkindern die notwendigen Informationen zu vermitteln. Auf diese Weise würden sie früher davon profitieren als er. Vieles ging ihm durch den Kopf. «Je früher wir lernen, bessere Entscheidungen zu treffen, desto eher sind unsere Resultate besser. Wenn wir alle auf Grund von besseren Entscheidungen in Beruf und Privatleben handelten, dann würde das unseren Familien und dem wirtschaftlichen und politischen Leben zugute kommen.»

Und er wußte jetzt, daß er nicht nur für seine Firma und seine nächste Umgebung wichtiger geworden war, sondern daß auch privat alles besser lief als vorher. Und darüber war er besonders froh. Alle Familienmitglieder hatten gelernt, sich die praktischen «Kopf»-Fragen und die persönlichen «Herz»-Fragen zu stellen und auf das bessere Selbst zu hören, bevor eine Entscheidung getroffen wurde.

Und alle waren viel glücklicher und zufriedener geworden.

Je mehr er darüber nachdachte, desto deutlicher erkannte er, wie wichtig es für Menschen war, in ihrem Privatleben bessere Entscheidungen zu treffen, und auch denen, die ihnen nahestanden, dabei zu helfen.

Der Mann blickte auf seinen Briefbeschwerer, der auf dem Schreibtisch lag, und las: «Triff deine Entscheidungen immer mit einem kühlen Kopf und einem warmen Herzen.»

Er mußte lächeln und dachte wieder daran, was der Leiter ihm gesagt hatte: «Das System funktioniert nur, wenn du es auch *anwendest.*»

Er konnte jetzt mit Hilfe dieses verläßlichen Systems schneller und leichter zu dem «ja» sagen, was richtig war, und «nein» zu dem, was nicht funktionierte. Und er wußte, daß auch sein Selbstwertgefühl gestiegen war und er sein besseres Leben verdiente, weil er zuverlässig bessere Entscheidungen traf. Ihm war nun bewußt:

Wir führen uns selbst zu besseren Entscheidungen.
Und wir können anderen dabei helfen, diese Wahrheit zu erkennen.